U0899564

五年制高等职业教育公共基础课程改革规划教材

语文

主 审 刘智平 李 鸿

主 编 董 君 于保泉 丁卫广 李桂萍

第二册

山东人民出版社

国家一级出版社 全国百佳图书出版单位

编委会成员名单

CONTENTS

目录

第一单元 Chapter ONE

品味成长

人的一生,有时可以不成熟,但不可以不成长。

成长,是一个人在他漫长人生旅途中自身的演变,也是对一路走来的点点滴滴的总结与感悟。

成长的过程,滋味杂陈:忧伤和着欢喜,失落和着欣慰,喧哗和着宁静,就像一个五味瓶,装满了酸甜苦辣、喜怒哀乐。

在成长的旅程中,需要的是从容地经历,平静地感知,勇敢地面对,因为每个人的成长都不可能是一帆风顺的。

成长也能让一个人的思想更成熟,脚步更稳健,做事更踏实。

若你由幼稚走向成熟,由固执走向随和,由狭隘走向宽阔,由苛责走向包容,由浅薄走向深刻,由愚钝走向睿智,谁说这种成长不是一种美?

同学们,让我们跟随本单元的脚步,和篇目中的主人公一同去感受成长中的点点滴滴吧,也许从中能找到自己成长的轨迹。

诗词二首

◎ 小试牛刀

请指出下列关于中国古代少男少女的称谓的含义。

垂髫：

总角：

豆蔻：

束发：

及笄：

弱冠：

◎ 开心一刻

王羲之吃墨

一天中午，王羲之正在聚精会神地练字，丫环送来了他最爱吃的蒜泥和馒头，催着他吃，他好像没有听见一样还是埋头写字。丫环没有办法，只好去告诉他的夫人。夫人和丫环来到书房的时候，看见王羲之正拿着一个沾满墨汁的馒头往嘴里送，弄得满嘴乌黑。她们忍不住笑出了声。原来，王羲之边吃边练字，眼睛始终没有离开过字，错把墨汁当成蒜泥蘸了。夫人心疼地对工羲之说："你要爱惜身体呀！你的字写得很好了，为什么还要这样苦练呢?"王羲之说："我的字虽然写得不错，可那都是学习前人的写法，我要有自己的写法，那就非下苦功夫不可。"经过一段时间的艰苦摸索，王羲之终于写出了一种妍美流利的新字体，成为我国历史上最杰出的书法家之一。

王羲之的字已经写得很好了，但他为什么还勤练不辍呢？

选文

丑奴儿[1]·书博山道中壁[2]

辛弃疾

少年[3]不识[4]愁滋味，爱上层楼。爱上层楼，为赋[5]新词强说愁[6]。

而今识尽[7]愁滋味，欲说还休[8]。欲说还休，却道天凉好个秋。

（选自《辛弃疾词集》，上海古籍出版社2010年版）

注 释

①丑奴儿：词牌名。

②博山：在今江西省广丰县西南。淳熙八年（1181年）辛弃疾罢职退居上饶，常过博山。

③少年：指年轻的时候。

④不识：不懂，不知道什么是。

⑤赋：写，创作。

⑥强（qiǎng）说愁：没有愁而硬要说有愁。强，勉强地，硬要。

⑦识尽：尝够，深深懂得。

⑧欲说还（huán）休：内心有所顾虑而不敢表达。休，停止。

记 忆

王娟娟

一朵小茉莉，
夹在书页里，
我读遍整本书，
试着把你忘记。

那一字一个足迹，

一个足迹就有一个你，
花香与书香，
我常不知如何舍取。

一朵小茉莉，
从书页里飘落，
就像莲在风中摇曳，
总让人轻轻记忆。

爱情当然美丽，
彼岸更另有天地，
我们都还年轻，
有一天我们会在一起。

（选自《语文天地》2001 年第 24 期）

学习活动

一、填一填

辛弃疾(1140—1207)，字(　　　　)，号(　　　　)，济南历城人，南宋杰出的(　　　　)词人，与(　　　　)并称“济南二安”。

代表作有《摸鱼儿 · 更能消几番风雨》《菩萨蛮 · (　　　　　　　　)》《永遇乐 · (　　　　　　　　)》《青玉案 · 元夕》《满江红 · 家住江南》等。

二、想一想

1. 成年的作者为何写少年的忧愁？
2. 你是如何排解生活中的忧愁的？
3. 回忆过去，你首先想到的事物是什么？为什么？
4. 对于爱情和学业，应该把哪个放在中心位置？

三、说一说

你在生活学习中遇到的最大困难是什么，你是如何解决的？

四、写一写

以花草山水等为主题，写一首小诗，赞美其美好。

五、读一读

1. 课外阅读辛弃疾《鹧鸪天·欲上高楼去避愁》，与《丑奴儿·书博山道中壁》对比，谈谈作者所表达的不同忧愁情绪。

鹧鸪天·欲上高楼去避愁

辛弃疾

欲上高楼去避愁，愁还随我上高楼。经行几处江山改，多少亲朋尽白头。

归休去，去归休。不成人总要封侯？浮云出处元无定，得似浮云也自由。

2. 课外阅读叶芝的《当你老了》，与《记忆》对比，说说两首诗在对爱情的态度和表现上有何不同。

当你老了

[爱尔兰]叶　芝

当你老了，头白了，睡思昏沉，
炉火旁打盹，请取下这部诗歌，
慢慢读，回想你过去眼神的柔和，
回想它们昔日浓重的阴影；
多少人爱你青春欢畅的时辰，
爱慕你的美丽，假意或真心，
只有一个人爱你那朝圣者的灵魂，
爱你衰老脸上痛苦的皱纹；
垂下头来，在红光闪耀的炉子旁，
凄然地轻轻诉说那爱情的消逝，
在头顶的山上它缓缓踱着步子，
在一群星星中间隐藏着脸庞。

（选自《外国现代派作品选》，上海文艺出版社1980年版，袁可嘉译）

六、听一听

欣赏张雨生的歌曲《我的未来不是梦》，鼓舞自己积极向上的斗志。

卖白菜 莫 言

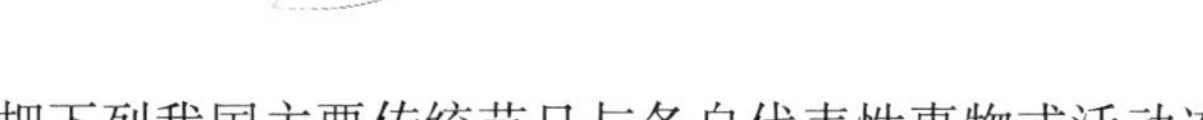

小试牛刀

把下列我国主要传统节日与各自代表性事物或活动连接起来。

春　节	吃元宵	放鞭炮
元宵节	贴春联	逛灯会
端午节	登　高	吃粽子
中秋节	赏　月	约　会
重阳节	赛龙舟	赏菊花
清明节	乞　巧	吃月饼
七　夕	祭　祀	扫　墓

开心一刻

莫言趣事

2012年12月，鲁迅文学院、广东省作协和深圳市文联在深圳育新学校开办“长篇小说讲习班”，我约了莫言来讲一课长篇小说。12月19日育新学校老校长余建南请饭，事先已有人告诉余校长，莫言鼎鼎大名，是国中最可期望的作家云云。于是一方面纸墨已经准备就绪，另一方面，酒足饭饱之后，却无人好意思请他走向案台。只有我来“迫”他移步过去，好在他面有倦色，心情尚好，提笔之后，先是给“公家”——育新学校写了一张勉励之词，接着，给余建南个人题写的是“蝶舞”二字，因为育新学校建了一座“蝴蝶馆”，号称收藏有包括澳洲在内的几只珍贵的“国蝶”标本。

莫言写字的当儿，我趁机问他，为何用左手写毛笔。答曰：“我以前用右手，怎么写都像是写钢笔字，于是改为左手。”又道：“我的字写不好，只不过脸皮比较厚

而已。”

（作者南翔，发表于《羊城晚报》2012 年 10 月 12 日，有删改）

莫言为什么改用左手写毛笔字，怎样理解“字写不好，只不过脸皮比较厚”这句话。

选文

1967 年冬天，我 12 岁那年，临近春节的一个早晨，母亲苦着脸，心事重重地在屋子里走来走去，时而揭开炕席的一角，掀动几下铺炕的麦草，时而拉开那张老桌子的抽屉，扒拉几下破布头烂线团。母亲叹息着，并不时把目光抬高，瞥一眼那三棵吊在墙上的白菜。最后，母亲的目光锁定在白菜上，端详着，终于下了决心似的，叫着我的乳名，说：

“社斗，去找个篓子来吧……”

“娘，”我悲伤地问，“您要把它们……”

“今天是大集。”母亲沉重地说。

“可是，您答应过的，这是我们留着过年的……”话没说完，我的眼泪就涌了出来。

母亲的眼睛湿漉漉的，但她没有哭，她有些恼怒地说：“这么大的汉子了，动不动就抹眼泪，像什么样子？!”

“我们种了一百零四棵白菜，卖了一百零一棵，只剩下这三棵了……说好了留着过年的，说好了留着过年包饺子的……”我哽咽着说。

母亲靠近我，掀起衣襟，擦去了我脸上的泪水。我把脸伏在母亲的胸前，委屈地抽噎着。我感到母亲用粗糙的大手抚摸着我的头，我嗅到了她衣襟上那股揉烂了的白菜叶子的气味。透过蒙眬的泪眼，我看到母亲把那棵最大的白菜从墙上钉着的木橛子上摘了下来。母亲又把那棵第二大的摘下来。最后，那棵最小的、形状圆圆像个和尚头的也脱离了木橛子，挤进了篓子里。我熟悉这棵白菜，就像熟悉自己的一根手指。因为它生长在最靠近路边那一行的拐角的位置上，小时被牛犊或是被孩子踩了一脚，所以它一直长得不旺，当别的白菜长到脸盆大时，它才有碗口大。发现了它的小和可怜，我们在浇水施肥时就对它格外照顾。我曾经背着母亲将一大把化肥撒在它的周围，但第二天它就打了蔫。母亲知道了真相后，赶紧将它周围的土换了，才使它死里逃生。后来，它尽管还是小，但卷得十分饱满，收获时母亲拍打着它感慨地对我说："你看看它，你看看它……"在那一瞬间，母亲的脸上洋溢着珍贵的欣喜表情，仿佛拍打着一个历经磨难终于长大成人的孩子。

集市在邻村，距离我们家有三里远。寒风凛冽，有太阳，很弱，仿佛随时都要熄灭的样子。不时有赶集的人从我们身边超过去。我的手很快就冻麻了，以至于当篓子跌落在地时我竟然不知道。篓子落地时发出了清脆的响声，篓底有几根蜡条跌断了，那棵最小的白菜从篓子里跳出来，滚到路边结着白冰的水沟里。母亲在我头上打了一巴掌，我知道闯了大祸，站在篓边，哭着说："我不是故意的，我真的不是故意的……"母亲将那棵白菜放进篓子，原本是十分生气的样子，但也许是看到我哭得真诚，也许是看到了我黑黢黢的手背上那些已经溃烂的冻疮，母亲的脸色缓和了，没有打我也没有再骂我，只是用一种让我感到温暖的腔调说："不中用，把饭吃到哪里去了？"然后母亲就蹲下身，将背篓的木棍搭上肩头，我在后边帮扶着，让她站直了身体。

终于挨到了集上。母亲让我走，去上学，我也想走，但我看到一个老太太朝着我们的白菜走了过来。她用细而沙哑的嗓音问白菜的价钱。母亲回答了她。她摇摇头，看样子是嫌贵。但是她没有走，而是蹲下，揭开那张破羊皮，翻动着我们的三棵白菜。她把那棵最小的白菜上那半截欲断未断的根拽了下来。然后她又逐棵地戳着我们的白菜，用弯曲的、枯柴一样的手指，她撇着嘴，说我们的白菜卷得不紧，母亲用忧伤的声音说："大婶子啊，这样的白菜您还嫌卷得不紧，那您就到市上去看看吧，看看哪里还能找到卷得更紧的吧。"

我对这个老太太充满了恶感，你拽断了我们的白菜根也就罢了，可你不该昧着良心说我们的白菜卷得不紧。我忍不住冒出了一句话："再紧就成了石头蛋子了！"老太太抬起头，惊讶地看着我，问母亲："这是谁？是你的儿子吗？""是老小，"母亲回答了老太太的问话，转回头批评我，"小小孩儿，说话没大没小的！"老太太将她胳膊上挎着的柳条篼篼放在地上，腾出手，撕扯着那棵最小的白菜上那层已经干枯的菜帮子。我十分恼火，便刺她："别撕了，你撕了让我们怎么卖？！"

"你这个小孩子，说话怎么就像吃了枪药一样呢？"老太太嘟哝着，但撕扯菜帮子的手却并不停止。

"大婶子，别撕了，放到这时候的白菜，老帮子脱了五六层，成了核了。"母亲劝说着她。

她终于还是将那层干菜帮子全部撕光，露出了鲜嫩的、洁白的菜帮。在清冽的寒风中，我们的白菜散发出甜丝丝的气味。这样的白菜，包成饺子，味道该有多么鲜美啊！老太太搬着白菜站起来，让母亲给她过秤。母亲用秤钩子挂住白菜根，将白菜提起来。老太太把她的脸几乎贴到秤杆上，仔细地打量着上面的秤星。我看着那棵被剥成了核的白菜，眼前出现了它在生长的各个阶段的模样，心中感到阵阵忧伤。

终于核准了重量，老太太说："俺可是不会算账。"

母亲因为偏头痛，算了一会儿也没算清，对我说："社斗，你算。"

我找了一根草棒，用我刚刚学过的乘法，在地上划算着。

我报出了一个数字，母亲重复了我报出的数字。

"没算错吧？"老太太用不信任的目光盯着我说。

"你自己算就是了。"我说。

"这孩子，说话真是暴躁。"老太太低声嘟哝着，从腰里摸出一个肮脏的手绢，层层地揭开，露出一沓纸票，然后将手指伸进嘴里，沾了唾沫，一张张地数着。她终于将数好的钱交到母亲的手里。母亲也一张张地点。

等我放了学回家后，一进屋就看到母亲正坐在灶前发呆。那个蜡条篓子摆在她的身边，三棵白菜都在篓子里，那棵最小的因为被老太太剥去了干帮子，已经受了严重的冻伤。我的心猛地往下一沉，知道最坏的事情已经发生了。母亲抬起头，眼睛红红地看着我，过了许久，用一种让我终生难忘的声音说：

"孩子，你怎么能这样呢？你怎么能多算人家一毛钱呢？"

"娘，"我哭着说，"我……"

"你今天让娘丢了脸……"母亲说着，两行眼泪就挂在了腮上。

这是我看到坚强的母亲第一次流泪，至今想起，心中依然沉痛。

（选自《写给父亲的信：莫言作品精选》，春风文艺出版社2003年版）

学习活动

一、填一填

莫言，1955年生，原名管谟业，祖籍山东高密，是第一个获得（　　　　　　）奖的中国籍作家。他自上世纪80年代以一系列乡土作品崛起，充满着"怀乡"以及"怨乡"的复杂情感，被归类为（　　　　　）作家。

2000年，莫言的（《　　　　　　　　》）入选《亚洲周刊》评选的"20世纪中文小说100强"。2005年《檀香刑》全票入围茅盾文学奖初选。2011年莫言获茅盾文学奖。其主要作品有(《　　　　　　　　》)(《　　　　　　　　》)《蛙》《酒国》等。

二、想一想

1. 白菜馅的水饺真的那么好吃吗?
2. 最后的三棵白菜为什么要被卖掉?
3. “社斗”为什么喜欢最小的那棵白菜?
4. “社斗”为什么算错了账?
5. 文章结尾三棵白菜怎么又回来了呢?

三、说一说

从“母亲”和“社斗”的言语及行为中,你感受最深的是什么?

四、写一写

续写本文,要求写出“社斗”家三棵白菜的命运,不少于300字。

五、读一读

课外阅读池莉小说《烦恼人生》,与《卖白菜》对比,体会百姓生活的艰辛与不易,珍惜我们来之不易的学生时光。

永久的憧憬和追求 | 萧红

小试牛刀

褒贬相对

下面所列的都是贬义词,你能写出与此意义相同或相近的褒义词吗?

例如:故作镇静——从容不迫

1. 臭味相投——(　　　　) 2. 见风使舵——(　　　　)
3. 夸夸其谈——(　　　　) 4. 一孔之见——(　　　　)
5. 趾高气扬——(　　　　) 6. 巧舌如簧——(　　　　)
7. 处心积虑——(　　　　) 8. 费尽心机——(　　　　)

开心一刻

萧军与萧红的相遇

1932年7月,哈尔滨每天都在下雨,《国际协报》编辑部收到一封求救信。一个女子被困在旅馆中,没有钱交付巨额房租。写信的女子名叫张迺莹,是一个文学爱好者,后来她有一个更为人熟悉的名字:萧红。年轻的报社编辑萧军对这个女子放心不下,决定前往那家旅馆去看望她。她只穿了一件原来是蓝色、如今显得褪了色的单长衫,开气有一边已经裂到膝盖以上了,小腿和脚是光赤着的,拖着一双变了形的女鞋。

8月7日松花江决堤了,洪水涌进了哈尔滨市区。洪水一直淹没到二楼,萧军游泳赶到旅馆,发现萧红已经搭上小船,按照他事先留下的地址逃走了。这年冬天,萧红与萧军终于走到了一起,他们拥有了属于自己的小家。在萧军的影响下,萧红的作品带上了左翼的色彩。两年后，年仅 23 岁的萧红写出了她的成名作《生死场》。一对恋人，在一场洪水中阴错阳差地结合在一起。

“萧”姓遇上“肖”姓，谁是正宗？想一想是什么原因让两个人走到了一起。

选文

一九一一年，在一个小县城里边，我出生在一个地主家里。那县城差不多就是中国的最东最北部——黑龙江省——所以一年之中，倒有四个月飘着白雪。

父亲常常为贪婪而失掉人性。他对待仆人，对待自己的儿女，以及对待我的祖父都是同样的吝啬而疏远，甚至于无情。

有一次，为着房屋租金的事情，父亲把房客的全套的马车赶了过来。房客的家属们哭着，诉说着，向我的祖父跪了下来，于是祖父把两匹棕色的马从车上解下来还了回去。

为着这两匹马，父亲向祖父起着整夜的争吵。“两匹马，咱们是算不了什么的，穷人，这两匹马就是命根。”祖父这样说着，而父亲还是争吵。

九岁时，母亲死去。父亲也就更变了样，偶然打碎一只杯子，他就要骂到使人发抖的程度。后来就连父亲的眼睛也转了弯，每从他身边经过，我就像自己的身上生了针刺一样；他斜视着你，他那高傲的眼光从鼻梁经过嘴角而后往下流着。

所以每每在大雪中的黄昏里，围着暖炉，围着祖父，听着祖父读着诗篇，看着祖父读着诗篇时微红的嘴唇。

父亲打了我的时候，我就在祖父的房里，一直面向着窗子，从黄昏到深夜——窗外的白雪，好像棉花一样飘着；而暖炉上水壶的盖子，则像伴奏的乐器似的振动着。

祖父时时把多纹的两手放在我的肩上，而后又放在我的头上，我的耳边便响着这样的声音：

“快快长大吧！长大了就好了。”

二十岁那年，我就逃出了父亲的家庭。直到现在还是过着流浪的生活。

“长大”是“长大”了，而没有“好”。

可是从祖父那里，知道了人生除了冰冷和憎恶之外，还有温暖和爱。

所以我就向这“温暖”和“爱”的方面怀着永久的憧憬和追求。

（选自《永久的憧憬和追求：萧红散文》，花城出版社 2013 年版）

◎ 学习活动

一、填一填

萧红,(1911—1942),原名张迺莹,中国近现代女作家,“民国四大才女”之一,被誉为(　　　　　　　)。

1935 年,在鲁迅的支持下,发表了成名作(《　　　　　　》)。1936 年,为摆脱精神上的苦恼东渡日本,并写下了散文《孤独的生活》,长篇组诗《砂粒》等。1940 年与端木蕻良同抵香港,之后发表了中篇小说《马伯乐》和著名长篇小说(《　　　　　　》)。

二、想一想

1.“我”心中的父亲是一个怎样的人?

2. 祖父给“我”的宝贵财富是什么?

3. 祖父说“快快长吧! 长大就好了”,是什么意思?

4. 如何理解“‘长大’是‘长大’了,而没有‘好’”这句话?

三、说一说

生活中什么人或事给你深深的触动,让你突然感觉自己长大或成熟?

四、写一写

用 200 字左右篇幅,写写他人带给你深刻印象的行为或习惯。

五、读一读

课外阅读《可能改变你一辈子的一封信》,找找过去曾给自己带来希望或伤害的人或事,试着换个角度思考和处理,努力把握自己的命运,让自己的人生活得精彩。

可能改变你一辈子的一封信

最近,英国北英格兰一位小学校长瑞秋·汤姆林森和小学老师艾米·伯基特向六年级学生发放成绩单时,附上了这样一封信:

亲爱的×××同学:

你这次小学毕业考的成绩已经附在这封信里了。对你的成绩我们感到非常骄傲，我们觉得你已经尽了最大的努力。

但是你要知道的是，这些考试成绩其实并不能反映你是有多么的与众不同。

出这些考试题的叔叔阿姨们并不像你在学校的老师一样了解你们每一个人，更不会像你们爸爸妈妈一样了解你。

考试不会告诉他们，你们当中有些人在小学就已经会说两种语言。

考试不会告诉他们，你们已经能熟练演奏音乐、能唱歌、会跳舞。

考试不会告诉他们，你能给你的小伙伴带来笑声，你是一个值得小伙伴信赖的人。

考试不会告诉他们，你也许能写诗或者写歌，甚至你球也踢得很好。

考试不会告诉他们，你在家能把弟弟妹妹照顾得很周到。

考试不会告诉他们，你去过多少美妙的地方，能说出多少美妙的故事和经历。

考试不会告诉他们，你是一个善良、有思想、可信赖的人。

考试不会告诉他们，你每一天都在让自己变成一个更好的人。你的分数只能告诉大家你的一面，但是它不能代表你的每一面。

所以，分数只是分数，我们可以为自己的分数而自豪，但是请永远记住，人可以有很多种伟大的方式，考试绝对不是唯一的一种。

（选自《北京晚报》2014 年 11 月 24 日）

当三毛还是在二毛的时候(自序) | 三 毛

◎ 小试牛刀

读谜面,猜名著中的人名,把下面的人名填在相应的谜面后面。

孔明　关羽　张飞　鲁智深　宋清　袭人　迎春　时迁

1. 凿壁偷光——(　　　　)　　2. 花香扑鼻——(　　　　)

3. 粗中有细——(　　　　)　　4. 斗转星移——(　　　　)

5. 孔雀收屏——(　　　　)　　6. 展翅凌空——(　　　　)

7. 爆竹除旧——(　　　　)　　8. 元前明后——(　　　　)

◎ 开心一刻

"三毛"笔名由来

一是诙谐说。有人问:她为何用此作笔名,回说是:"因为口袋里只有三毛钱!"

二是玄机说。三毛的《闹学记》"序"中提及"三毛"两字暗藏易经的卦。

三是引用说。选用此作笔名,是因为她喜欢张乐平先生作品《三毛流浪记》中的"三毛"。

四是谦逊说。自认写的东西很一般,只值三毛钱。

到底是哪种含义更确切?请探究一下吧!

◎ 选 文

我之所以不害羞地将我过去十七岁到二十岁那一段时间里所发表的一些文稿成集出书,无非只有一个目的——这本《雨季不再来》的小书,代表一个少女成长的过程和感受。它也许在技巧上不成熟,在思想上流于迷惘和伤感,但它的确是一个过去的我，一个跟今日健康进取的三毛有很大的不同的二毛。

人之所以悲哀，是因为我们留不住岁月，更无法不承认，青春，有一日是要这么自然地消失过去。

而人之可贵，也在于我们因着时光环境的改变，在生活上得到长进。岁月的流逝固然是无可奈何，而人的逐渐蜕变，却又脱不出时光的力量。

当三毛还是二毛的时候，她是一个逆子，她追求每一个年轻人自己也说不出到底是在追求什么的那份情怀。因此，她从小不在孝顺的原则下做父母请求她去做的事情。

一个在当年被父母亲友看作问题孩子的二毛，为什么在十年之后，成了一个对凡事有爱、有信、有望的女人？在三毛自己的解释里，总脱不开这两个很平常的字——时间。

对三毛来说，她并不只是睡在床上看着时光在床边大唱大江东去。十年来，数不清的旅程，无尽的流浪，情感上的坎坷，都没有使她白白地虚度她一生最珍贵的青年时代。这样如白驹过隙的十年，再提笔，笔下的人，已不再是那个悲苦、敏感、浪漫而又不负责任的二毛了。

我想，一个人的过去，就像圣经上雅各的天梯一样，踏一步决不能上升到天国去。而人的过程，也是要一格一格地爬着梯子，才能到达某种高度。在那个高度上，满江风月，青山绿水，尽入眼底。这种境界心情与踏上第一步梯子而不知上面将是什么情形的迷惘惶惑是很不相同的。

但是，不能否认的是，二毛的确跌倒过，迷失过，苦痛过，一如每一个“少年的维特”。

我多年没有保存自己手稿的习惯，发表的东西，看过去就丢掉，如果不是细心爱我的父亲替我一张一张地保存起来，我可能已不会再去回顾一下，当时的二毛是在喃喃自语些什么梦话了。

我也切切地反省过，这样不算很成熟的作品，如果再公之于世，是不是造成一般读者对三毛在评价上的失望和低估？但我静心地分析下来，我认为这是不必要的！

一个家庭里，也许都有一两个如二毛当时年龄的孩子。也许我当年的情形，跟今日的青年人在环境和社会风气上已很不相同，但是不能否认的，这些问题在年轻的孩子身上都仍然存在着。

一个聪明敏感的孩子，在对生命的探索和生活的价值上，往往因为过分执着，拼命探求，而得不到答案，于是一份不能轻视的哀伤，可能会占去他日后许许多多的年代，甚而永远不能超脱。

我是一个普通的人，我平凡地长大，做过一般年轻人都做的傻事。而今，我在生活上仍然没有稳定下来，但我在人生观和心境上已经又上了一层楼。我成长了，这不表示我已老了，更不代表我已不再追求我的前程。但是，我的心境，已如渺渺清空，浩浩大海，平静，安详，淡泊。做人处世我并不天真，但我依旧看不起油滑；我不偏激，我甚而对每一个人心存感激，因为生活是人群共同建立的，没有他人，也不可能有我。

《雨季不再来》是我的一个生命的阶段，是我无可否认亦躲藏不了的过去。它好，它不好，都是造成今天健康的三毛的基石。也就如一块衣料，它可能用旧了，会有陈旧的风华，而它的质地，去仍是当初纺织机上织出来的经纬。

我多么愿意爱护我的朋友们，看看过去三毛还是二毛的样子，再回头来看看今日的《撒哈拉的故事》那本书里的三毛，比较之下，有心人一定会看出这十年的岁月如何改变了一朵温室里的花朵。

有无数的读者，在来信里对我说——“三毛，你是一个如此乐观的人，我真不知道你怎么能这样凡事都愉快。”

乐观与悲观，都流于不切实际。一件明明没有希望的事情，如果乐观地去处理，在我，就是失之于天真，这跟悲观一样的不正确，甚而更坏。

我只是一个实际的人，我们要得着的东西，说起来十分的普通，我希望生儿育女，做一个百分百的女人。一切不着边际的想法，如果我守着自己淡泊宁静的生活原则，我根本不会刻意去追求它。对于生活的环境，我也抱着一样的态度。我唯一锲而不舍，愿意以自己的生命去努力的，只不过是我个人的心怀意念，在我有生之日，做一个真诚的人，不放弃对生活的热爱和执着，在有限的时空里，过无限广大的日子。如果将我这种做法肯定是“乐观”，那么也是可以被我接受和首肯的。

再读《雨季不再来》中一篇篇的旧稿，我看后心中略有一份怅然。过去的我，无论如何的沉迷，甚而有些颓废，但起码她是个真诚的人，她不玩世，她失落之后，也尚知道追求，哪怕那份情怀在今日的我看来是一片惨绿，但我情愿她是那个样子，而不希望她什么都不去思想，也不提出问题，二毛是一个问题问得怪多的小女人。

也有人问过我，三毛和二毛，你究竟偏爱哪一个？我想她是一个人，没法说怎么偏心，毕竟这是一棵幼苗，长大了以后，出了几片清绿。而没有幼苗，如何有今天这个健康的三毛？

在我的时代里，我被王尚义的《狂流》感动过，我也受到《弘一法师的传记》很深的启示和向往。而今我仍爱看书，爱读书，但是过去曾经被我轻视的人和物，在十年后，我才慢慢减淡了对英雄的崇拜。我看一沙，我看一花，我看每一个平凡的小市民，在这些事情事物的深处，才明白悟出真正的伟大和永恒在哪里，我多么喜欢这样的改变啊！

所以我在为自己过去的作品写一些文字时，我不能不强调，《雨季不再来》是一个过程，请不要忽略了。这个苍白的人，今天已经被风吹雨打成了一个铜红色的外表不很精致，而面上已有风尘的三毛。在美的形态上来说，哪一个真正地美，请读者看看我两本全然不同风格的书，再做一个比较吧！

我不是一个作家，我不只是一个女人，我更是一个人。我将我的生活记录下来了一部分，这是我的兴趣，我但愿没有人看了我的书，受到不好的影响。《雨季不再来》虽然有很多幼稚的思想，但那只是我做二毛时在雨地里走着的几个年头，毕竟雨季是不会再在三毛的生命里再来了。

《雨季不再来》本身没有阅读价值，但是，念了《撒哈拉的故事》之后的朋友，再回过来看这本不很愉快的小书，再拿这三毛和十年前的二毛来比较，也许可以得着一些小小的启示。三毛反省过，也改变过自己在个性上的缺点。人，是可以改变的，只是每个人都需要时间。我常常想，命运的悲剧，不如说是个性的悲剧。我们要如何度过自己的一生，固执不变当然是可贵，而有时向生活中另找乐趣，也是不可缺少的努力和目标；如何才叫作健康的生活，在我就是不断地融合自己到我所能达到的境界中去。我心中有一个不变的信仰，它是什么，我不很清楚，但我不会放弃这冥冥中引导我的力量，直到我有一天离开尘世，回返永恒的地方。

真正的快乐，不是狂喜，亦不是苦痛，在我很主观地来说，它是细水长流，碧海无波，在芸芸众生里做一个普通的人，享受生命一霎间的喜悦，那么我们即使不死，也在天堂里了。

（选自《雨季不再来》，北京十月文艺出版社 2013 年版）

学习活动

一、填一填

三毛，原名陈懋(mào)平，后改名为陈平，中国当代女作家。1943 年出生于重庆,1948 年随父母迁居(　　　　)。1967 年赴西班牙留学,后去德国、美国等。1973 年定居西属撒哈拉沙漠和荷西结婚。

三毛的作品具有浓郁的抒情色彩,无论是小说还是散文,字里行间总是流露着女性的柔美和细腻。1976 年 5 月出版第一部作品(《　　　　　　》)。其后连续出版《雨季不再来》《我的宝贝》(《　　　　　　》)(《　　　　　　》)等 20 本文集。

二、想一想

1. 三毛为什么说二毛是个逆子或问题小孩?
2. 三毛出版《雨季不再来》的目的有哪些?
3. 如何理解“《雨季不再来》是一个过程”这句话?
4. 三毛首肯的乐观指什么?
5. 三毛认为真正的快乐是什么?

三、说一说

说一说二毛时的“我”所做的一些趣事、傻事。

四、写一写

用 200 字左右篇幅,介绍一本对自己影响比较大的书。

五、读一读

课外阅读三毛作品《雨季不再来》节选,对比现在的自己,是不是也在重复着二毛的行为?我们能不能从二毛到三毛的转变中学到什么?

李日和常彦一起走进来,那时已是快考试了,李日是个一进教室就喜欢找人吹牛的家伙。他照例慢慢地踱进来,手中除了一支原子笔之外什么也没带。

“卡帕,你怎么穿这种怪鞋子?”卡帕是日本作家芥川的小说《河童》的发音,在雨季开始时我就被叫成这个名字了。“没鞋了,无论皮鞋球鞋全湿了,不对吗?”

“带子太少。远看吓了我一跳,以为你干脆打赤足来上学了。”李日一面看着我的鞋,一面又做出一副夸张的怪脸来。“我喜欢这种式样,这是一双快乐的鞋子。”

“在这种他妈的天气下你还能谈快乐?”

“我不知道快不快乐，李日，不要问我。”

“傻子，李日怕你考试紧张，跟你乱扯的。”常彦在一旁说。

“不紧张，不愉快倒是真的，每次考试就像是一种屈辱，你说你会了，别人不相信，偏拿张白纸要你来证明。”我说着说着人就激动起来。

“卡帕，有那么严重吗？”常彦很费思索地注视着我。“他妈的，我乱说的，才不严重。”说着粗话我自己就先笑起来了。

……

“考完了就可以回去了，我们这门课算结束了。在等谁吗？”

“没有，就回去了。”我轻轻地回答了一声，站在雨中思索着。我等待你也不是一日了，培，我等了有多久了，请告诉我，我们为什么会为了一点小事就分开了，我总等着你来接我一块下山回去。

这时我看见李日和维欣一起出来。维欣是前一星期才回校来的，极度神经衰弱，维欣回乡去了快一个月。“考得怎么样？”我问维欣，平日维欣住在台北姑母家中，有时我们会一起下山。

“六十分总有的，大概没问题。”维欣是个忧郁的孩子，年龄比我们小，样子却始终是落落寡欢的。

“卡帕，你准是在等那个戏剧系的小子，要不然甘心站在雨里面发神经。”李日一面跳水塘一面在喊着。

“你不许叫他小子。”

“好，叫导演，喂，培导演，卡帕在想你。”李日大喊起来。我慌了。

“李日，你不要乱来。”维欣大笑着拉他。

……

下楼梯时我知道今日我又碰不着培了，我正在一步一步下楼，我正经过你教室的门口，培，我一点办法都没有，我是这样地想念着你，培，我们不要再闹了，既然我们那么爱着，为什么在这样近在眼前的环境中都不见面。李日下楼时在唱着歌。

……

“我们走吧，等什么呢。”维欣在催了。

“不等什么，我们走吧。”

……

我们好似走了好久，我好似有生以来就如此长久地在大雨中走着，车站永远不会到了。我觉得四周，满溢的已不止是雨水，我好似行走在一条河里。我湿得眼睛都张不开了，做个手势叫李日替我拿书，一面用手擦着脸，这时候我哭了，我不知道这永恒空虚的时光要何时才能过去，我就那样一无抗拒地被卷在雨里，我漂浮在一条河上，一条沉静的大河，我开始无助地浮沉起来，我慌张得很，口中喊着，培，快来救我，快点，我要沉下去了，培，我要浸死了。

……

李日在一旁拼命推我，维欣站在一边脸都白了，全身是湿的。“卡帕，怎么喊起来了，你要吓死我们，快点走吧，你不能再淋了，你没什么吧？”

“李日，我好的，只是雨太大了。”

（选自《雨季不再来》，北京十月文艺出版社 2011 年版）

功课很重要

[美]比尔·盖茨

巧填“地名”诗

在下面句子中的横线处填上不同的地名。

1. (　　　)亲友如相问,一片冰心在玉壶。
2. 不识(　　　)真面目,只缘身在此山中。
3. (　　　)城外寒山寺,夜半钟声到客船。
4. 暖风熏得游人醉,直把(　　　)作汴州。
5. 朝辞白帝彩云间,千里(　　　)一日还。
6. (　　　)回望绣成堆,山顶千门次第开。
7. 羌笛何须怨杨柳,春风不度(　　　)。
8. 故人西辞黄鹤楼,烟花三月下(　　　)。
9. 但使龙城飞将在,不教胡马度(　　　)。
10. 君问归期未有期,(　　　)夜雨涨秋池。

竭尽全力创造奇迹

在美国西雅图一所著名的教堂里,有一位德高望重的牧师戴尔·泰勒。有一天他向教会学校的学生们郑重其事地承诺,谁要是能背出《圣经·马太福音》中第五章到第七章的全部内容,他就邀请谁去西雅图的“太空针”高塔餐厅参加免费聚餐会。

《圣经·马太福音》中第五章到第七章的全部内容有几万字，而且不押韵，要背诵其全文无疑有相当大的难度。尽管参加免费聚餐会是许多学生梦寐以求的事情，但是几乎所有的人都浅尝辄止，望而却步了。

几天后班上一个11岁的男孩胸有成竹地站在泰勒牧师的面前从头到尾按要求背了下来，竟然一字不落，没出一点差错。泰勒牧师在赞叹男孩那惊人记忆力的同时，不禁好奇地问："你为什么能背下这么长的文字呢？"男孩不假思索地回答道："我竭尽全力。"

16年后那个男孩成了世界著名软件公司的老板。他就是比尔·盖茨。这个故事给我们的启示是：每个人都有极大的潜能，谁要想创造奇迹，仅仅做到尽力而为还不够，必须竭尽全力才行。

你认为自己做每一件事都竭尽全力了吗？

选文

每年有成千上万的学生寄电子邮件给我，请我提供有关教育方面的建议，他们想要知道，他们到底应该学习哪些科目。此外，因为我当初放弃完成大学学业，所以他们也经常询问我，应不应该仿效我，也放弃完成大学的学业。有时，也有一些学生家长请我指引他们子女的方向，他们说："我们应该如何引导他们迈向成功？"我能给予的建议其实是相当简单的：尽你所能，获得最高最好的教育。年轻学子应该充分利用高中、大学教育，并且努力学习治学的方法。

的确，我因为创建微软公司而中途辍学，但是别忘记，我在辍学之前，曾在哈佛大学就读三年。事实上，如果有时间的话，我还希望能够重返校园就读。就像我以前曾经说过的，任何人都不应该轻易辍学，除非他们相信他们所面对的机会是一生中唯一的一次，而且，即使如此，他们也应该考虑再三再做决定。

来自美国俄亥俄州的小学六年级老师凯西·克利兰（Kathy Cridland）写信说："很多我的学生都说，你从未完成高中学业，现在却是如此成功，所以我的学生都认为他们有很好的理由不要在意学业的好坏。"谁说我没念完高中，事实上当年我确确实实地完成了高中学业。

电脑界的确有很多人未完成大学课业，但是我未曾听闻任何成功的故事，是源自高中辍学的缘故。事实上我不曾认识任何高中辍学生，更别说成功的高中辍学生。

在我们公司创业的初期，曾有一位杰出的程式设计工读生。当时他信誓旦旦地表示要离开他所读的高中，以便能够全职地工作，而我们都劝他不要这样做。虽然我们公司的确有很多人没有完成大学的学业，但是我们并不鼓励中途辍学。事实上，到我们公司求职，若是拥有一张文凭，是有所帮助的。

大学并不是资讯存在的唯一地点。你可以在图书馆里学习你想学习的科目，但是光拿一本书阅读，并不能成功。你需要与他人一起学习，提出问题，设想答案，并且找出测试自己能力的方法。这一切都不是一本书所能达到的。

知识的获得必须是宽广的，但是有时候能有深入的挖掘也是一件很好的事情。在我读高中的时候，的确花费了一些时间写作软件程式，但是在大部分的时间里，我还是有着广泛的课业兴趣。我父母鼓励我这样做，而我也感激他们对我的鼓励。

我在大学时期选取了各式各样不同的课程，而在那三年的时光里，我只修了一门有关电脑的课程。事实上，我对任何一种课业都很感兴趣。有一位家长写信告诉我，他十五岁的儿子完全沉溺在电脑的世界里。他说："我儿子网站设计这一科的分数是A，但是其他的科目全军覆没。"

这名少年错了。高中与大学教育为我们提供了最好的机会学习宽广的课业范畴，同时也让我们有机会与别的同学一起完成课业，让我们有第一手的经验了解团队合作所能达到的力量。无论你对电脑、舞蹈、语言或是其他的科目有很深的兴趣，那都是一件很好的事情，只要你继续保持宽广的学习态度。

我认为有些年轻人让自己陷入狭窄的认同里，他们轻率地做下决定说："没错，我就是那种会计很棒的人。"当朋友问他说："你最近都读了哪些书?"他也许会回答说："我正在阅读有关会计的书。"这就是他们的自我定义，虽然自己也许感到满意，但却牺牲了学习宽广知识的机会。

如果有一个十一岁的孩子，在算术方面有惊人的能力，通常会令人相当折服。把算术学好，有助于培养逻辑能力，但是阅读像鲁宾森·克鲁索的书，也有助于培养逻辑能力，这两者之间并不是没有相同的地方。如果你在高中的时候就沉溺在某一种兴趣之中，你可能会有两种麻烦。第一，等你上大学的时候，可能已经无法改变了。第二，如果你的成绩不好，你就无法进入一流的大学，一流大学里有一流学生，他们可以帮助你学习。

上了大学以后，才是寻找专门学科的适当时机。在你有兴趣的领域里获得专业的知识与能力，可以带领你走向成功。研究所虽然也是寻求专业知识的途径之一，但是从纯经济的观点来看，大学延伸教育并非永远是最好的投资。

高中学生不用担心专门学科的挑选问题，他们所要担心的是如何建立坚实的学业基础。当然,学习高中课业的态度与其后成功与否并不全然相关;但是如果不争取学习广泛课业的机会,失去与同学一起学习的时机,结果无法获得进入优良大学的良好成绩,那可是个很严重的错误。

(选自《光明日报》1991 年 1 月 20 日)

◎ 学习活动

一、填一填

比尔·盖茨(Bill Gates),著名企业家、软件工程师、慈善家。曾任微软董事长、CEO 和首席软件设计师。

1973 年,盖茨考进了(　　　　),1977 年 1 月辍学开始创业。1976 年 11 月 26 日,盖茨和艾伦注册了(　　　　)(Microsoft)商标。

2008 年 6 月 27 日,比尔·盖茨正式退休,把 580 亿美元个人财产捐到以他和妻子名字命名的“(　　　　)基金会”,用于研究艾滋病和疟疾的疫苗,并为世界贫穷国家提供援助。

二、想一想

1. 比尔·盖茨为什么提出功课很重要这个观点?
2. 功课的重要性表现在哪些方面?
3. 你如何看待比尔·盖茨的辍学?
4. 比尔·盖茨的成功是偶然的、可复制的吗?

三、说一说

比尔·盖茨的成功是否因为他的提前辍学?

四、写一写

用 200 字左右的篇幅,写写自己最喜欢的专业、工作岗位或职业。

五、读一读

课外阅读俞敏洪的演讲《挺立在孤独、失败与屈辱的废墟上》节选,感受创业成功人士的不平凡人生,激励自我奋发向上。

出国的难易程度与你的考试成绩密切相关，你的考试成绩越好，出国就越容易。同时也跟你的本科成绩有关，本科的平均分越高，出国就越容易。有工作经验的同学还跟你的工作背景有关。出国的道路充满了荆棘，充满了艰辛，绝对不是一条平坦的大道，这就是新东方的校训是“在绝望中寻找希望”的原因。大部分同学在从开始努力备考一直到最后签证的过程中，处处都充满着希望和绝望的较量。

在我们的日常生活中，当你想到“希望”和“绝望”的时候，想得更多的一定是你生活中绝望的一面。可以说我们的生活80%是由不如意和绝望组成的，而你的精神之所以不垮，就是因为在绝望中还保留着寻找希望的种子。比如说学习GRE词汇，你必须从几千词汇量增加到20000词汇量，通常三个月要背10000个单词，你每天要背300—500个单词才能把所有的单词记得差不多。如果背单词没有背到绝望的地步，你是没有背出单词的希望的。

新东方的整个创办过程就是从一点点的希望做起，最后不断扩大希望的过程。新东方最初只有10平方米漏风的违章建筑办公室，但是现在新东方有几万平方米的教室和办公楼。它的发展过程是充满艰难和绝望的过程。

我举一些简单的例子大家就明白了。在1993年冬天新东方成立的时候，我自己拎着糨糊桶在零下十几度的天气里去贴广告，把糨糊刷在柱子上，广告还没有粘上去，糨糊就变成冰了；当新东方在1994年有了一点儿发展的时候，就跟别的培训单位产生了竞争，一有竞争，就产生了麻烦，新东方的广告员拿广告去贴的时候，别的培训部的人员就拿着刀子在等着你，说你敢贴我就敢捅了你，新东方的广告员有被人捅过的，进医院缝了十好几针。我当时花了很多时间，找中国的公安管理部门协商，最后终于跟他们成了朋友。这个协商、磋商的过程就是学习的过程，深入中国社会的过程，理解中国社会的过程，进而知道怎样面对中国社会的过程。

我最喜欢的是读书和教书，但是假如说我只是会教书，别的事情都不去做，新东方也就不会有今天的发展。所以任何事情的成功都是你不断努力的结果。当你碰到困难的时候，不要把它想象成不可克服的困难。在这个世界上没有什么困难是不可克服的。只要你勇于面对困难，想象着战胜困难后的喜悦，你就会开始充满信心和力量。

新东方的“在绝望中寻找希望”这句话，跟美国著名的黑人领袖Martin Luther King所说的话是一样的，他在著名的演讲“I have a dream”中说了一句话：“With this faith we will be able to hew out of the mountain of despair a stone of hope。”（我们要从绝望的大山中砍出一块希望的石头。）请记住了：绝望是大山，希望是石头。但是只要你能砍出一块希望的石头，你就有了希望。在 Martin Luther King 的时代，直到他被暗杀为止，黑人在美国是没有任何社会地位可言的，所谓的黑人解放只是一句口号而已。黑人坐车不让坐，去饭店吃饭不让吃，电影院不让进，到处都是让黑人绝望的景象。正是像 Martin Luther King 这样的人，用鲜血和生命换来了美国黑人今天在美国社会中的平等地位。

哪怕是最没有希望的事情，只要有一个勇敢者坚持去做，到最后就会成为希望。

（选自《挺立在孤独、失败与孤独的废墟上》，群言出版社 2010 年版）

第二单元 Chapter TWO

理性思考

同学们,你会因为自己某方面的不足而怯懦自卑吗?你会因一件小事而耿耿于怀吗?你会因为老师的一句批评难过半天吗?你会因与同学的一次矛盾而视同路人吗?这些看似不起眼的小事,却让人的情感世界如此纠结痛苦。如果你能克制不良情绪,理性地处理这些事情,也许你会发现一片新的天地。

人是情感动物,人世间的一切相处都离不开这样或那样的情感。但是人作为社会中的人,社会属性不可或缺。人之所以成为人,也就在于人在宣泄情感的同时,还必须靠理性来掌舵。

同学们,通俗地说,情感就是内心世界最原始的需求,而理性则是使命、责任、道德等更高层次的把控。随着年龄的增长,我们在为人处世及学习生活方面应该懂得什么是应该做的,什么是不应该做的,对自身具有清醒的认识,从而让自己变得越来越成熟,越来越理性,让自己的行为、行动更有意义。

边城（节选） | 沈从文

小试牛刀

下面所列电影均由文学作品改编而来，请将电影名称和原著作者正确连线。

《阿 Q 正传》	张爱玲
《倾城之恋》	茅盾
《骆驼祥子》	巴金
《家》	老舍
《子夜》	王朔
《阳光灿烂的日子》	莫言
《红高粱》	鲁迅

胡适与沈从文

民国十七年（1928 年）4 月，胡适任上海公学校长时，对教学进行大刀阔斧的改革，聘请大批著名学者来校授课。年仅 26 岁的沈从文向胡适求职，也被胡适算在受聘者之列。当时校方争议颇多，有人认为沈从文学历太低，只读过高小，虽然发表了一些灵气飘逸的散文，但要登上高等学府的讲台，差距还是太远了，况且此人又不善言辞。就连沈从文自己听到被聘的消息，也大为吃惊，马上给胡适写信说：“先生昨为从文谋教书事，思之数日，果于学校方面不至于弄笑话，从文可试一学期。从文其所以不敢作此事，亦只为空虚无物，恐学生失望，先生亦难为情耳。”但胡适却慧眼独具，力排众议，不拘学历，坚持延聘。结果沈从文一上讲台，就闹了一个笑话。他在台上整整呆了 10 多分钟，一句话也说不出来。后来开始讲课，原先准备好讲授一个课时的内容，被他 10 分钟就讲完了，往下无话可说，而离下课尚早，显得十分尴尬。最后,他只好老老实实地在黑板上写道:“今天是我第一次上课,见你们人很多,我害怕了。”一时传为笑谈。然而,胡适在评议这堂课时,赞赏沈从文的坦言与直率,认为这是“成功”的。他认准沈从文是个人才,坚决支持他走上讲台。处于尴尬境况中的沈从文,能够遇到胡适这位“伯乐”,真是一种幸运。后来,他终于不负众望,用自己的实践证明自己不仅能够胜任教学任务,而且受到学生们的欢迎和好评,成为著名的教授。

有时候坦诚是化解尴尬的好方法,对于自己的不足,不遮掩,不回避,靠勤奋努力来弥补,反而更能获得大家的理解与尊重。在现实生活中,面对自己的缺点或不足,你是如何做的?

选文

三

两省接壤处,十余年来主持地方军事的,知道注重在安辑保守,处置还得法,并无特别变故发生。水陆商务既不至于受战争停顿,也不至于为土匪影响,一切莫不极有秩序,人民也莫不安分乐生。这些人,除了家中死了牛,翻了船,或发生别的死亡大变,为一种不幸所绊倒觉得十分伤心外,中国其他地方正在如何不幸挣扎中的情形,似乎就永远不会为这边城人民所感到。

边城所在一年中最热闹的日子,是端午、中秋和过年。三个节日过去三五十年前如何兴奋了这地方人,直到现在,还毫无什么变化,仍能成为那地方居民最有意义的几个日子。

端午日,当地妇女小孩子,莫不穿了新衣,额角上用雄黄[①]蘸酒画了个王字。任何人家到了这天必可以吃鱼吃肉。大约上午十一点钟左右,全茶峒人就吃了午饭,把饭吃过后,在城里住家的,莫不倒锁了门,全家出城到河边看划船。河街有熟人的,可到河街吊脚楼门口边看,不然就站在税关门口与各个码头上看。河中龙船以长潭某处作起点,税关前作终点。作比赛竞争。因为这一天军官税官以及当地有身份的人,莫不在税关前看热闹。划船的事各人在数天以前就早有了准备,分组分帮各自选出了若干身体结实手脚伶俐的小伙子,在潭中练习进退。船只的形式,与平常木船大不相同,形体一律又长又狭,两头高高翘起,船身绘着朱红颜色长线,平常时节多搁在河边干燥洞穴里，要用它时，拖下水去。每只船可坐十二个到十八个桨手，一个带头的，一个鼓手，一个锣手。桨手每人持一支短桨，随了鼓声缓促为节拍，把船向前划去。坐在船头上，头上缠裹着红布包头，手上拿两支小令旗，左右挥动，指挥船只的进退。擂鼓打锣的，多坐在船只的中部，船一划动便即刻蓬蓬铛铛把锣鼓很单纯的敲打起来，为划桨水手调理下桨节拍。一船快慢既不得不靠鼓声，故每当两船竞赛到剧烈时，鼓声如雷鸣，加上两岸人呐喊助威，便使人想起小说故事上梁红玉[②]老鹳河[③]时水战擂鼓种种情形。凡把船划到前面一点的，必可在税关前领赏，一匹红，一块小银牌，不拘缠挂到船上某一个人头上去，皆显出这一船合作的光荣。好事的军人，且当每次某一只船胜利时，必在水边放些表示胜利庆祝的五百响鞭炮。

赛船过后，城中的戍军长官，为了与民同乐，增加这节日的愉快起见，便把三十只绿头长颈大雄鸭，颈膊上缚了红布条子，放入河中，尽善于泅水的军民人等，下水追赶鸭子。不拘谁把鸭子捉到，谁就成为这鸭子的主人。于是长潭换了新的花样，水面各处是鸭子，各处有追赶鸭子的人。

船与船的竞赛，人与鸭子的竞赛，直到天晚方能完事。

掌水码头的龙头大哥顺顺，年青时节便是一个泅水的高手，入水中去追逐鸭子，在任何情形下总不落空。但一到次子傩送[④]年过十二岁时，已能入水闭气汆[⑤]着到鸭子身边，再忽然从水中冒水而出，把鸭子捉到，这作爸爸的便解嘲似的向孩子们说："好，这种事有你们来作，我不必再下水了。"于是当真就不下水与人来竞争捉鸭子。但下水救人呢，当作别论。凡帮助人远离患难，便是入火，人到八十岁，也还是成为这个人一种不可逃避的责任！

天保、傩送两人皆是当地泅水划船好选手。

端午又快来了，初五划船，河街上初一开会，就决定了属于河街的那只船当天入水。天保恰好在那天应当向上行，随了陆路商人过川东龙潭送节货，故参加的就只傩送。十六个结实如牛犊的小伙子，带了香烛鞭炮，同一个用生牛皮蒙好绘有朱红太极图的高脚鼓，到了搁船的河上游山洞边，烧了香烛，把船拖入水后，各人上了船，燃着鞭炮，擂着鼓，这船便如一支箭似的，很迅速的向下游长潭射去。

那时节还是上午，到了午后，对河渔人的龙船也下了水，两只龙船就开始预习种种竞赛的方法。水面上第一次听到了鼓声，许多人从这鼓声中，感到了节日临近的欢悦。住临河吊脚楼对远方人有所等待有所盼望的，也莫不因鼓声想到远人。在这个节日里，必然有许多船只可以赶回，也有许多船只只合在半路过节，这之间，

便有些眼目所难见的人事哀乐，在这小山城河街间，让一些人铺事，也让一些人皱眉。

蓬蓬鼓声掠水越山到了渡船头那里时，最先注意到的是那只黄狗。那黄狗汪汪的吠着，受了惊似的绕屋乱走，有人过渡时，便随船渡过河东岸去，且跑到那小山头向城里一方面大吠。

翠翠正坐在门外大石上用棕叶编蚱蜢蜈蚣玩，见黄狗先在太阳下睡着，忽然醒来便发疯似的乱跑，过了河又回来，就问它骂它：

"狗，狗，你做什么！不许这样子！"

可是一会儿那声音被她发现了，她于是也绕屋跑着，且同黄狗一块儿渡过了小溪，站在小山头听了许久，让那点迷人的鼓声，把自己带到一个过去的节日里去。

四

还是两年前的事。五月端阳，渡船头祖父找人作了代替，便带了黄狗同翠翠进城，过大河边去看划船。河边站满了人，四只朱色长船在潭中滑着，龙船水刚刚涨过，河中水皆豆绿，天气又那么明朗，鼓声蓬蓬响着，翠翠抿着嘴一句话不说，心中充满了不可言说的快乐。河边人太多了一点，各人皆尽张着眼睛望河中，不多久，黄狗还在身边，祖父却挤得不见了。

翠翠一面注意划船，一面心想"过不久祖父总会找来的"。但过了许久，祖父还不来，翠翠便稍稍有点儿着慌了。先是两人同黄狗进城前一天，祖父就问翠翠："明天城里划船，倘若一个人去看，人多怕不怕？"翠翠就说："人多我不怕，但自己只是一个人可不好玩。"于是祖父想了半天，方想起一个住在城中的老熟人，赶夜里到城里去商量，请那老人来看一天渡船，自己却陪翠翠进城玩一天。且因为那人比渡船老人更孤单，身边无一个亲人，也无一只狗，因此便约好了那人早上过家中来吃饭，喝一杯雄黄酒。第二天那人来了，吃了饭，把职务委托那人以后，翠翠等便进了城。到路上时，祖父想起什么似的，又问翠翠："翠翠，翠翠，人那么多，好热闹，你一个人敢到河边看龙船吗？"翠翠说："怎么不敢？可是一个人有什么意思。"到了河边后，长潭里的四只红船，把翠翠的注意力完全占去了，身边祖父似乎也可有可无了。祖父心想："时间还早，到收场时，至少还得三个时刻。溪边的那个朋友，也应当来看看年青人的热闹，回去一趟，换换地位还赶得及。"因此就问翠翠："人太多了，站在这里看，不要动，我到别处去有事情，无论如何总赶得回来伴你回家。”翠翠正为两只竞速并进的船迷着，祖父说的话毫不思索就答应了。祖父知道黄狗在翠翠身边，也许比他自己在她身边还稳当，于是便回家看船去了。

祖父到了那渡船处时，见代替他的老朋友，正站在白塔下注意听远处鼓声。

祖父喊他，请他把船拉过来，两人渡过小溪仍然站到白塔下去。那人问老船夫为什么又跑回来，祖父就说想替他一会儿故把翠翠留在河边，自己赶回来，好让他也过河边去看看热闹，且说：“看得好，就不必再回来，只须见了翠翠问她一声，翠翠到时自会回家的。小丫头不敢回家，你就伴她走走！”但那替手对于看龙船已无什么兴味，却愿意同老船夫在这溪边大石上各自再喝两杯烧酒。老船夫听说十分高兴，于是把酒葫芦取出，推给城中来的那一个。两人一面谈些端午旧事，一面喝酒，不到一会，那人却在岩石上被烧酒醉倒了。

人既醉倒了，无从入城，祖父为了责任又不便与渡船离开，留在河边的翠翠便不能不着急了。

河中划船的决了最后胜负后，城里军官已派人驾小船在潭中放了一群鸭子，祖父还不见来。翠翠恐怕祖父也正在什么地方等着她，因此带了黄狗各处人丛中挤着去找寻祖父，结果还是不得祖父的踪迹。后来看看天快要黑了，军人扛了长凳出城看热闹的，皆已陆续扛了那凳子回家。潭中的鸭子只剩下三五只，捉鸭人也渐渐的少了。落日向上游翠翠家中那一方落去，黄昏把河面装饰了一层薄雾。翠翠望到这个景致，忽然起了一个怕人的想头，她想：“假若爷爷死了？”

她记起祖父嘱咐她不要离开原来地方那一句话，便又为自己解释这想头的错误，以为祖父不来必是进城去或到什么熟人处去，被人拉着喝酒，故一时不能来的。正因为这也是可能的事，她又不愿在天未断黑以前，同黄狗赶回家去，只好站在那石码头边等候祖父。

再过一会，对河那两只长船已泊到对河小溪里去不见了，看龙船的人也差不多全散了。吊脚楼有娼妓的人家，已上了灯，且有人敲小斑鼓弹月琴唱曲子。另外一些人家，又有划拳行酒的吵嚷声音。同时停泊在吊脚楼下的一些船只，上面也有人在摆酒炒菜，把青菜萝卜之类，倒进滚热油锅里去时发出沙沙的声音。河面已朦朦胧胧，看去好像只有一只白鸭在潭中浮着，也只剩一个人追着这只鸭子。

翠翠还是不离开码头，总相信祖父会来找她，同她一起回家。

吊脚楼上唱曲子声音热闹了一些，只听到下面船上有人说话，一个水手说：“金亭，你听你那婊子陪川东庄客喝酒唱曲子，我赌个手指，说这是她的声音！”另一个水手就说："她陪他们喝酒唱曲子，心里可想我。她知道我在船上！"先前那一个又说："身体让别人玩着，心还想着你，你有什么凭据？"另一个说："有凭据。"于是这水手吹着唿哨，作出一个古怪的记号，一会儿，楼上歌声便停止了。歌声停止后，两个水手皆笑了。两人接着便说了些关于那个女人的一切，使用了不少粗鄙字眼，翠翠很不习惯把这种话听下去，但又不能走开。且听水手之一说，楼上妇人的爸爸是七年前在棉花坡被人杀死的，一共杀了十七刀。翠翠心中那个古怪的想头："爷爷死了呢？"便仍然占据到心里有一会儿。

两个水手还正在谈话，潭中那只白鸭慢慢的向翠翠所在的码头边游来，翠翠想："再过来些我就捉住你！"于是静静的等着，但那鸭子将近岸边三丈远近时，却有个人笑着，喊那船上水手。原来水中还有个人，那人已把鸭子捉到手，却慢慢的踹水游近岸边的。船上人听到水面的喊声，在隐约里也喊道："二老，二老，你真能干，你今天得了五只吧？"那水上人说："这家伙狡猾得很，现在可归我了。""你这时捉鸭子，将来捉女人，一定有同样的本领。"水上那一个不再说什么，手脚并用的拍着水傍了码头。湿淋淋的爬上岸时，翠翠身旁的黄狗，仿佛警告水中人似的，汪汪的叫了几声，表示这里有人，那人方注意到翠翠。码头上已无别的人，那人问：

"是谁？"

"是翠翠！"

"翠翠又是谁？"

"是碧溪岨⑥撑渡船的孙女。"

"你在这儿做什么？"

"我等我爷爷。我等他来好回家去。"

"等他来他可不会来，你爷爷一定到城里军营里喝了酒，醉倒后被人抬回去了！"

"他不会。他答应来，他就一定会来的。"

"这里等也不成。到我家里去，到那边点了灯的楼上去，等爷爷来找你好不好？"

翠翠误会邀他进屋里去那个人的好意，正记着水手说的妇人丑事，她以为那男子就是要她上有女人唱歌的楼上去，本来从不骂人，这时正因等候祖父太久了，心中焦急得很，听人要她上去，以为欺侮了她，就轻轻的说：

"你个悖时砍脑壳的！"

话虽轻轻的，那男的却听得出，且从声音上听得出翠翠年纪，便带笑说："怎么，你骂人！你不愿意上去，要呆在这儿，回头水里大鱼来咬了你，可不要叫喊！”

翠翠说：“鱼咬了我也不管你的事。”

那黄狗好像明白翠翠被人欺侮了，又汪汪的吠起来。那男子把手中白鸭举起，向黄狗吓了一下，便走上河街去了。黄狗为了自己被欺侮还想追过去，翠翠便喊：“狗，狗，你叫人也看人叫！”翠翠意思仿佛只在告给狗“那轻薄男子还不值得叫”，但男子听去的却是另外一种好意，男的以为是她要狗莫向好人乱叫，放肆的笑着，不见了。

又过了一阵，有人从河街拿了一个废缆做成的火炬，一面晃着一面喊叫着翠翠的名字来找寻她，到身边时翠翠却不认识那个人。那人说：老船夫回到家中，不能来接她，故搭了过渡人口信来问翠翠，要她即刻就回去。翠翠听说是祖父派来的，就同那人一起回家，让打火把的在前引路，黄狗时前时后，一同沿了城墙向渡口走去。翠翠一面走一面问那拿火把的人，是谁告他就知道她在河边。那人说是二老问他的，他是二老家里的伙计，送翠翠回家后还得回转河街。

翠翠说：“二老他怎么知道我在河边？”

那人便笑着说：“他从河里捉鸭子回来，在码头上见你，他说好意请你上家里坐坐，等候你爷爷，你还骂过他！”

翠翠带了点儿惊讶轻轻的问：“二老是谁？”

那人也带了点儿惊讶说：“二老你都不知道？就是我们河街上的傩送二老！就是岳云！他要我送你回去！”傩送二老在茶峒地方不是一个生疏的名字！

翠翠想起自己先前骂人那句话，心里又吃惊又害羞，再也不说什么，默默的随了那火把走去。

翻过了小山岨，望得见对溪家中火光时，那一方面也看见了翠翠方面的火把，老船夫即刻把船拉过来，一面拉船一面哑声儿喊问：“翠翠，翠翠，是不是你？”翠翠不理会祖父，口中却轻轻的说：“不是翠翠，不是翠翠，翠翠早被大河里鲤鱼吃去了。”翠翠上了船，二老派来的人，打着火把走了，祖父牵着船问：“翠翠，你怎么不答应我，生我的气了吗？”

翠翠站在船头还是不作声。翠翠对祖父那一点儿埋怨，等到把船拉过了溪，一到了家中，看明白了醉倒的另一个老人后，就完事了。但另一件事，属于自己不关祖父的，却使翠翠沉默了一个夜晚。

五

两年日子过去了。

这两年来两个中秋节，恰好都无月亮可看，凡在这边城地方，因看月而起整夜男女唱歌的故事，皆不能如期举行，故两个中秋留给翠翠的印象，极其平淡无奇。两个新年却照例可以看到军营里与各乡来的狮子龙灯，在小教场迎春，锣鼓喧阗大热闹。到了十五夜晚，城中舞龙耍狮子的镇筸[⑦]兵士，还各自赤裸着肩膊，往各处去欢迎炮仗烟火。城中军营里，税关局长公馆，河街上一些大字号，莫不预先截老毛竹筒，或镂空棕榈树根株，用洞硝拌和磺炭钢砂，一千捶八百捶把烟火做好。好勇取乐的军士，光赤着个上身，玩着灯打着鼓来了，小鞭炮如落雨的样子，从悬到长竿尖端的空中落到玩灯的肩背上，锣鼓催动急促的拍子，大家皆为这事情十分兴奋。鞭炮放过一阵后，用长凳绑着的大筒灯火，在敞坪一端燃起了引线，先是嘭嘭的流泻白光，慢慢的这白光便吼啸起来，作出如雷如虎惊人的声音，白光向上空冲去，高至二十丈，下落时便洒散着满天花雨。玩灯的兵士，在火花中绕着圈子，俨然毫不在意的样子。翠翠同他的祖父，也看过这样的热闹，留下一个热闹的印象，但这印象不知为什么原因，总不如那个端午所经过的事情甜而美。

翠翠为了不能忘记那件事，上年一个端午又同祖父到城边河街去看了半天船，一切玩得正好时，忽然落了行雨，无人衣衫不被雨湿透。为了避雨，祖孙二人同那只黄狗，走到顺顺吊脚楼上去，挤在一个角隅里。有人扛凳子从身边过去，翠翠认得那人是去年打了火把送她回家的人，就告给祖父：

“爷爷，那个人去年送我回家，他拿了火把走路时，真像个山上的喽罗！”

祖父当时不作声，等到那人回头又走过面前时，就一把抓住那个人，笑嘻嘻说：

“嗨嗨，你这喽罗！要你到我家喝一杯也不成，还怕酒里有毒，把你这个真命天子毒死！”

那人一看是守渡船的，且看到了翠翠，就笑了。“翠翠，你大长了！二老说你在河边大鱼会吃你，我们这里河中的鱼，现在可吞不下你了。”

翠翠一句话不说，只是抿起嘴唇笑着。

这一次虽在这喽罗长年口中听到个“二老”名字，却不曾见及这个人。从祖父与那长年谈话里，翠翠听明白了二老是在下游六百里外青浪滩过端午的。但这次不见二老却认识了大老，且见着了那个一地出名的顺顺。大老把河中的鸭子捉回家里后，因为守渡船的老家伙称赞了那只肥鸭两次，顺顺就要大老把鸭子给翠翠。且知道祖孙二人所过的日子十分拮据，节日里自己不能包粽子，又送了许多尖角粽子。

那水上名人同祖父谈话时，翠翠虽装作眺望河中景致，耳朵却把每一句话听得清清楚楚。那人向祖父说翠翠长得很美，问过翠翠年纪，又问有不有人家。祖父则很快乐的夸奖了翠翠不少，且似乎不许别人来关心翠翠的婚事，故一到这件事便闭口不谈。

回家时，祖父抱了那只白鸭子同别的东西，翠翠打火把引路。两人沿城墙走去，一面是城，一面是水。祖父说："顺顺真是个好人，大方得很。大老也很好。这一家人都好！"翠翠说："一家人都好，你认识他们一家人吗？"祖父不明白这句话的意思所在，因为今天太高兴一点，便笑着说："翠翠，假若大老要你做媳妇，请人来做媒，你答应不答应？"翠翠就说："爷爷，你疯了！再说我就生你的气！"

祖父话虽不说了，心中却很显然的还转着这些可笑的不好的念头。翠翠着了恼，把火炬向路两旁乱晃着，向前怏怏的走去了。

"翠翠，莫闹，我摔到河里去，鸭子会走脱的！"

"谁也不希罕那只鸭子！"

祖父明白翠翠为什么事不高兴，祖父便唱起摇橹人驶船下滩时催橹的歌声，声音虽然哑沙沙的，字眼儿却稳稳当当毫不含糊。翠翠一面听着一面向前走去，忽然停住了发问：

"爷爷，你的船是不是正在下青浪滩呢？"

祖父不说什么，还是唱着，两人皆记顺顺家二老的船正在青浪滩过节，但谁也不明白另外一个人的记忆所止处。祖孙二人便沉默的一直走还家中。到了渡口，那代理看船的，正把船泊在岸边等候他们。几人渡过溪到了家中，剥粽子吃，到后那人要进城去，翠翠赶即为那人点上火把，让他有火把照路。人过了小溪上小山时，翠翠同祖父在船上望着，翠翠说：

"爷爷，看喽罗上山了啊！"

祖父把手攀引着横缆，注目溪面的薄雾，仿佛看到了什么东西，轻轻的吁了一口气。祖父静静的拉船过对岸家边时，要翠翠先上岸去，自己却守在船边，因为过节，明白一定有乡下人上城里看龙船，还得乘黑赶回家去。

六

白日里，老船夫正在渡船上同个卖皮纸的过渡人有所争持。一个不能接受所给的钱，一个却非把钱送给老人不可。正似乎因为那个过渡人送钱气派，使老船夫受了点压迫，这撑渡船人就俨然生气似的，迫着那人把钱收回，使这人不得不把钱捏在手里。但船拢岸时，那人跳上了码头，一手铜钱向船舱里一撒，却笑眯眯的匆匆忙忙走了。老船夫手还得拉着船让别人上岸，无法去追赶那个人，就喊小山头的孙女：

“翠翠，翠翠，帮我拉着那个卖皮纸的小伙子，不许他走！”

翠翠不知道是怎么回事，当真便同黄狗去拦那第一个下山人。那人笑着说：

“不要拦我！……”“不成，你不能走！”

正说着，第二个商人赶来了，就告给翠翠是什么事情。翠翠明白了，更拉着卖纸人衣服不放，只说：“不许走！不许走！”黄狗为了表示同主人的意见一致，也便在翠翠身边汪汪汪的吠着。其余商人皆笑着，一时不能走路。祖父气吁吁的赶来了，把钱强迫塞到那人手心里，且搭了一大束草烟到那商人担子上去，搓着两手笑着说：“走呀！你们上路走！”那些人于是全笑着走了。

翠翠说：“爷爷，我还以为那人偷你东西同你打架！”

祖父就说：

“嗨，他送我好些钱，我才不要这些钱！告他不要钱，他还同我吵，不讲道理！”

翠翠说：“全还给他了吗？”

祖父抿着嘴把头摇摇，闭上一只眼睛，装成狡猾得意神气笑着，把扎在腰带上留下的那枚单铜子取出，送给翠翠。且说：

“礼轻仁义重，我留下一个。他得了我们那把烟叶，可以吃到镇筸城！”

远处鼓声又蓬蓬的响起来了，黄狗张着两个耳朵听着。翠翠问祖父，听不听到什么声音。祖父一注意，知道是什么声音了，便说：

“翠翠，端午又来了。你记不记得去年天保大老送你那只肥鸭子？早上大老同一群人上川东去，过渡时还问你。你一定忘记那次落的行雨。我们这次若去，又得打火把回家；你记不记得我们两人用火把照路回家？”

翠翠还正想起两年前的端午一切事情哪。但祖父一问，翠翠却微带点儿恼着的神气，把头摇摇，故意说：“我记不得，我记不得。”其实她那意思就是你这个人！

“我怎么记不得?!”

祖父明白那话里意思,又说:“前年还更有趣,你一个人在河边等我,差点儿不知道回来,我还以为大鱼会吃掉你!”

提起旧事,翠翠嗤的笑了。

“爷爷,你还以为大鱼会吃掉我?是别人家说我,我告给你的!你那天只是恨不得让城中的那个爷爷把装酒的葫芦吃掉!你这种记性!”

“我人老了,记性也坏透了。翠翠,现在你人长大了,一个人一定敢上城看船,不怕鱼吃掉你了。”

“人大了就应当守船哩。”

“人老了才当守船。”

“人老了应当歇憩!”

“你爷爷还可以打老虎,人不老!”祖父说着,于是,把膀子弯曲起来,努力使筋肉在局束中显得又有力又年青,且说:“翠翠,你不信,你咬。”

翠翠睨着腰背微驼白发满头的祖父,不说什么话。远处有吹唢呐的声音,她知道那是什么事情,且知道唢呐方向,要祖父同她下了船,把船拉过家中那边岸旁去。为了想早早的看到那迎婚送亲的喜轿,翠翠还爬到屋后塔下去眺望。过不久,那一伙人来了,两个吹唢呐的,四个强壮乡下汉子,一顶空花轿,一个穿新衣的团总儿子模样的青年,另外还有两只羊,一个牵羊的孩子,一坛酒,一盒糍粑[8],一个担礼物的人。一伙人上了渡船后,翠翠同祖父也上了渡船,祖父拉船,翠翠却傍花轿站定,去欣赏每一个人的脸色与花轿上的流苏[9]。拢岸后,团总儿子模样的人,从扣花抱肚里掏出了一个小红纸包封,递给老船夫。这是规矩,祖父再不能说不接收了。但得了钱祖父却说话了,问那个人,新娘是什么地方人;明白了,又问姓什么;明白了,又问多大年纪;一起弄明白了。吹唢呐的一上岸后又把唢呐呜呜喇喇吹起来,一行人便翻山走了。祖父同翠翠留在船上,感情仿佛皆追着那唢呐声音走去,走了很远的路方回到自己身边来。

祖父掂着那红纸包封的分量说:“翠翠,宋家堡子里新嫁娘只十五岁。”

翠翠明白祖父这句话的意思所在,不作理会,静静的把船拉动起来。

到了家边,翠翠跑回家去取小小竹子做的双管唢呐,请祖父坐在船头吹“娘送女”曲子给她听,她却同黄狗躺到门前大岩石上荫处看天上的云。白日渐长,不知什么时节,祖父睡着了,翠翠同黄狗也睡着了。

(选自《沈从文小说选》第二集,人民文学出版社 1982 年版)

注　释

①雄黄：矿物，也叫鸡冠石，成分是硫化砷，橘黄色，有光泽，可用来制造烟火、农药、染料等。中医也用作解毒杀虫药。下文的“雄黄酒”，就是搀有雄黄的烧酒，民间在端午节时饮用。

②梁红玉：宋朝大将韩世忠的妻子，封安国夫人，世称“梁夫人”。建炎四年（1130 年），韩世忠与金兀术战于黄天荡（今南京东北长江干流），梁夫人亲自擂鼓助战，金兵终于没能渡江。

③老鹳（guàn）河：一名鹳河，在今江苏淮安西北，北通淮水，南接运河。这里说梁红玉在老鹳河擂鼓助战，与史实不合。

④傩（nuó）送：意为傩神送给的（傩神是驱除瘟疫的神）。因排行老二，故小说中也称二老。又因为健壮俊美，人们给他起了个诨名叫“岳云”。

⑤氽（tǔn）：漂浮。这里是潜泳的意思。

⑥岨：读 jǔ。

⑦镇筸（gān）：地名，曾是湖南凤凰县地治所。

⑧糍粑（cí bā）：把糯米捣碎后蒸熟做成的食品。

⑨流苏：装在车马、帐幕等上的穗状饰物。

◎ 学习活动

一、填一填

1. 沈从文（1902—1988），中国著名作家，湖南（　　　　）人。代表作品有（《　　　　　》）（《　　　　　》）《边城》《唐宋铜镜》《龙凤艺术》等。

2. 给课文中出现的下列加点的字注音。

傩送（　　）　泅水（　　）　氽着（　　）　老鹳河（　　）

蚱蜢（　　）　擂鼓（　　）　停泊（　　）　碧溪岨（　　）

3. 选择合适的词语填在下列句子的括号内。

埋怨　放肆　娇　浮　烘

(1)天空被夕阳（　　　）成桃花色。

(2)便同祖父故意生气似的，很（　　　）的去想这样一件不可能的事。

(3)“爷爷，为什么不来？我要你！”祖父听到了这种带着（　　　），有点儿

(　　　　)的声音。

(4)溪面(　　　　)着一层薄薄白雾。

二、想一想

1. 从本文中,大家怎么判断出翠翠对二老有意思的?

2.《边城》在故事的发展中穿插了对歌、提亲、赛龙舟等苗族风俗的描写,有什么作用?

3. 请各用三个四字短语概括《边城》中傩送和翠翠的性格特征。

三、说一说

有人说:"和当今少女相比,翠翠对待爱情太过天真幼稚,不敢大胆追求幸福。"请结合小说情节,谈谈你的看法。

四、写一写

用300字左右的篇幅,描写一下自己的故乡。

五、读一读

课外阅读《边城》全文,思考翠翠的爱情悲剧的成因是什么。

六、赏一赏

欣赏电影《边城》,与同学交流自己的感受。

兼听则明　偏信则暗

司马光

◎ 小试牛刀

有趣的成语

有一些成语，既有上下句，意思又相对或相反。比如本篇课文中的“兼听则明，偏信则暗”。你能将下面这些成语的上下句填写完整吗？

1.（　　　　　），近墨者黑	2.（　　　　　），旁观者清
3. 人无远虑，（　　　　　）	4. 下笔千言（　　　　　）
5.（　　　　　），比下有余	6.（　　　　　），寸有所长
7. 宁为玉碎，（　　　　　）	8. 胜者为王，（　　　　　）
9.（　　　　　），无则加勉	10.（　　　　　），败事有余
11. 明枪易躲，（　　　　　）	12. 明修栈道，（　　　　　）

◎ 开心一刻

司马光和苏轼的饮茶趣事

作为宋代的文坛宗主，苏轼对于当时的流行时尚——烹茶品茗也情有独钟，并写下了许多论述茶的诗文，对茶事颇有研究。苏轼与茶结缘，是25岁在陕西凤翔为官的时候。《观林诗话》中载，苏轼十分喜欢凤翔玉女洞的泉水，每次去，都要取两瓶携回烹茶。后来他常遣人去取水，为了不致遭人阻拦，他把一块竹片剖成两半，一半交由寺僧保管，另一半由取水的使者持为信物，并将之戏称为“调水符”。

《高斋漫录》中载，司马光和苏轼有一次谈论茶与墨的特性，司马光说：“茶和墨正好相反，茶要白，墨要黑；茶要重，墨要轻；茶要新，墨却要陈。”苏轼答道：“其实茶和墨也有许多相同点，譬如茶和墨都香，这是因为它们的德性相同；两者都坚硬，因为它们的操守相同。这就像贤人君子，虽然彼此的脾气性格不一样，德行却是一致的。”司马光笑着表示赞同。

茶和墨有许多不同之处，但却都受人喜爱，就是因为它们有着好的德性和操守。想一想，被称为“四君子”的梅、兰、竹、菊有什么异同，为何受人喜爱？

选文

上[①]问魏徵[②]曰：“人主[③]何为而明[④]，何为而暗[⑤]？”对曰：“兼听则明，偏信则暗。昔尧[⑥]清问下民，故有苗[⑦]之恶得以上闻；舜明四目，达四聪，故共、鲧、欢兜[⑧]不能蔽[⑨]也。秦二世偏信赵高[⑩]，以成望夷[⑪]之祸；梁武帝[⑫]偏信朱异，以取台城[⑬]之辱；隋炀帝偏信虞世基，以致彭城阁[⑭]之变。是故人君兼听广纳[⑮]，则贵臣[⑯]不得拥蔽[⑰]，而下情得以上通[⑱]也。”上曰：“善哉。”

（选自《资治通鉴·唐纪·贞观二年》，中华书局1997年版）

注释

①上：指唐太宗。

②魏徵（zhēng）（580—643）：唐初政治家，字玄成。因直言进谏，辅佐唐太宗共同创建“贞观之治”的大业，被后人称为“一代名相”。

③人主：君主。

④明：明辨是非。

⑤暗：昏庸糊涂。

⑥尧：传说中父系氏族社会后期部落联盟首领。

⑦有苗：古部落名。

⑧共、鲧（gǔn）、欢兜：指上古传说中的共工、姒（sì）鲧、欢兜，均为劣臣。

⑨蔽：蒙蔽。

⑩赵高：秦宦官。

⑪望夷：秦朝望夷宫。秦灭亡前夕，丞相赵高担心秦二世追究责任，与女婿阎乐等合谋杀害秦二世于此。

⑫梁武帝（464—549）：即萧衍。南朝梁的建立者。

⑬台城:城名。梁武帝因受贿在这里被下臣侮辱。

⑭彭城阁:隋炀帝被杀于扬州彭城阁。

⑮广纳:广泛地采纳(建议)。

⑯贵臣:宦官。

⑰拥蔽:堵塞、遮掩。拥,堵塞。

⑱上通:反映上来。

学习活动

一、填一填

司马光(1019—1086),字君实,号迂叟,陕州夏县(今山西夏县)涑水乡人,世称(　　　　)先生,北宋政治家、史学家、(　　　　)。生平著作甚多,主要有史学巨著(《　　　　　　　　》)《温国文正司马公文集》《稽古录》《涑水记闻》《潜虚》等。历仕仁宗、英宗、神宗、哲宗四朝,卒赠太师、温国公,谥(　　　　)。为人温良谦恭、刚正不阿;做事用功刻苦、勤奋。以(　　　　)自诩,其人格堪称儒学教化下的典范,历来受人景仰。

二、想一想

1. 魏徵是以哪些事例来劝诫唐太宗的?

2. 同为社会最高统治者,为何尧、舜时期社会稳定、人民安康,深受百姓爱戴,而秦二世、隋炀帝却遭杀身之祸?

三、说一说

在自己的学习生活中,你是否也有偏听偏信的一面?联系自己的生活实际,谈一谈如何避免同学之间的误会。

四、写一写

学完这篇课文,你能得到什么启示?试写一篇500字左右的文章。

五、读一读

1. 阅读刘向的《邹忌讽齐王纳谏》和诸葛亮的《出师表》,分析形成唐太宗"贞观之治”、齐国“皆朝于齐”而蜀国却“北上伐魏”失败的原因。

2. 思考《邹忌讽齐王纳谏》与本课写作手法的异同。

六、赏一赏

古语有云:“良禽择木而栖,凤非梧桐不落。”欣赏电视剧《隋唐英雄传》中程咬金舍弃瓦岗寨主之位,甘为人臣,侍奉明君的情节。

游褒禅山记 | 王安石

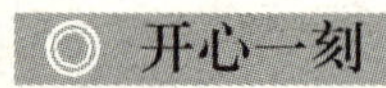

小试牛刀

列入世界文化遗产名录的中国历史文化名山，你了解多少？请将下列信息对应连线。

泰山	飞流直下三千尺，疑是银河落九天	安徽
黄山	乌龙遍野茶为酒，碧水环山筏当舟	四川
峨眉山	峰奇石奇松更奇，云飞水飞山亦飞	江西
武当山	会当凌绝顶，一览众山小	山东
庐山	月出峨眉照沧海，与人万里长相随	福建
武夷山	四大名山皆拱极，五方仙岳共朝宗	湖北

开心一刻

登山人

一名登山专家带领着几名登山运动员去攀登一座险峻的高山，走到山腰时，突然遇到了一场罕见的暴风雨。因为这几名运动员都是新手，经验不足，所以大家都本能地想往山下跑。这时，登山专家果断命令道："不准回头，继续往山顶进发！"最终，在专家的带领下，大家成功脱险。

事后，几名运动员疑惑地问专家："山顶的风雨不是更大吗？为什么还要往山顶走啊？"专家解释说："虽然山顶的风雨大，但是不会威胁你们的生命，如果往山下跑，风雨看似小，但却可能遇到爆发的山洪被活活淹死。"

登山途中，遇到暴风雨，想逃避它，只会被卷入洪流；若勇敢迎上前，却有可能生存。

生活如同登山，随时可能出现狂风暴雨，想一想，生活中遇到困难，我们应该怎么做？

选文

褒禅山亦谓之华山。唐浮图[①]慧褒[②]始舍于其址，而卒葬之；以故其后名之曰“褒禅”。今所谓慧空禅院者，褒之庐冢[③]也。距其院东五里，所谓华山洞者，以其乃华山之阳名之也。距洞百余步，有碑仆道[④]，其文漫灭[⑤]，独其为文犹可识曰“花山”。今言“华”如“华实”之“华”者，盖音谬也。

其下平旷，有泉侧出[⑥]，而记游[⑦]者甚众，所谓前洞也。由山以上五六里，有穴窈然[⑧]，入之甚寒，问其深，则其好游者不能穷也，谓之后洞。余与四人拥火[⑨]以入，入之愈深，其进愈难，而其见愈奇。有怠而欲出者，曰：“不出，火且尽。”遂与之俱出。盖余所至，比好游者尚不能十一，然视其左右，来而记之者已少。盖其又深，则其至又加少矣。方是时，予之力尚足以入，火尚足以明[⑩]也。既其[⑪]出，则或咎[⑫]其欲出者，而余亦悔其随之而不得极[⑬]夫游之乐也。

于是余有叹焉：古人之观于天地、山川、草木、虫鱼、鸟兽，往往有得[⑭]，以其求思之深而无不在也[⑮]。夫夷以近[⑯]，则游者众；险以远，则至者少。而世之奇伟、瑰怪、非常之观，常在于险远[⑰]，而人之所罕至焉，故非有志者不能至也。有志矣，不随[⑱]以止也，然力不足者，亦不能至也。有志与力，而又不随以怠，至于幽暗昏惑而无物以相[⑲]之，亦不能至也。然力足以至焉，于人[⑳]为可讥，而在己为有悔；尽吾志也而不能至者，可以无悔矣，其孰能讥之乎？此余之所得[㉑]也。

余于仆碑，又以悲夫古书之不存，后世之谬其传[㉒]而莫能名者，何可胜道[㉓]也哉！此所以学者不可以不深思而慎取[㉔]之也。

四人者：庐陵萧君圭君玉[㉕]，长乐王回深父[㉖]，余弟安国平父、安上纯父[㉗]。

至和元年[㉘]七月某日，临川王某[㉙]记。

（选自《王安石诗文选》，北京出版社1976年版，有改动）

注　释

①浮图：梵（fàn）语（古印度语）音译词，也写作“浮屠”或“佛图”，本意是佛或佛教徒，这里指和尚。

②慧褒：唐代高僧。

③庐冢（zhǒng）：古时为了表示孝敬父母或尊敬师长，在他们死后的服丧期间，为守护坟墓而盖的屋舍，也称“庐墓”。这里指慧褒弟子在慧褒墓旁盖的屋舍。

④仆道：“仆（于）道”的省略，倒在路旁。

⑤漫灭：指因风化剥落而模糊不清。

⑥侧出：从旁边涌出。

⑦记游：指在洞壁上题诗文留念。

⑧窈(yǎo)然：深远幽暗的样子。

⑨拥火：拿着火把。拥，持，拿。

⑩明：形容词或用作动词，照明。

⑪其：助词。

⑫咎：责备。

⑬极：尽，这里有尽情享受的意思，形容词用作动词。

⑭得：心得，收获。

⑮以其求思之深而无不在也：因为他们探求深刻而且广泛。以，因为。求思，探求、思索。而，连词，表递进，而且。无不在，无所不在，没有不探索、思考的，指思考问题广泛全面。

⑯夷以近：平坦而且距离近。夷，平坦。以，连词，表并列，而且，并且。

⑰险远：形容词活用作名词，险远的地方。

⑱随：跟随(别人)，“随”字后面省略“之”。

⑲相(xiàng)：帮助，辅助。

⑳于人：在别人(看来)。

㉑得：心得，收获。

㉒谬其传：把那些(有关的)传说弄错。谬，使……谬误，把……弄错。

㉓何可胜道：怎么能说得完。胜，尽。

㉔慎取：谨慎取舍。

㉕庐陵：今江西吉安。萧君圭：字君玉。

㉖长乐：今福建长乐。王回：字深父。父：通“甫”，下文的“平父”“纯父”的“父”同。

㉗安国平父、安上纯父：王安国，字平父。王安上，字纯父。

㉘至和元年：公元1054年。至和，宋仁宗的年号。

㉙临川：今江西临川。王某：王安石。古人作文起稿，写到自己的名字，往往只作“某”，或者在“某”上冠姓，以后在誊写时才把姓名写出。根据书稿编的文集，也常常保留“某”的字样。

学习活动

一、填一填

王安石(1021—1086),字介甫,晚号半山,谥号“文”,世人称其为(　　　　)。江西临川(今临川区邓家巷)人,中国杰出的政治家、文学家、思想家、(　　　　)。熙宁二年(1069年),任参知政事,次年拜相,主持变法。其政治变法对北宋后期社会经济具有很深的影响,已具备近代变革的特点,被(　　　　)誉为是“中国11世纪伟大的改革家”。

王安石在文学中具有突出成就。著有《临川先生文集》。其诗擅长说理与修辞,散文成就非凡,与韩愈、柳宗元、欧阳修等并称(　　　　　　)。

二、想一想

1. 作者通过记游,阐述了什么观点?
2. 你是如何面对成长中的磨难的?

三、说一说

古希腊哲人赫拉克利特说:“一个人的性格就是他的命运。”伟人和诗人毛泽东曾写道:“无限风光在险峰。”你怎么看待这两句话?

四、写一写

用200字左右篇幅,介绍一处你印象深刻的风景名胜。

五、读一读

1. 课外阅读柳宗元《小石潭记》,与《游褒禅山记》对比山水游记的不同描写方式。
2. 课外阅读徐迟的《黄山记》,欣赏祖国的壮丽山河,激发豪迈自信的爱国情怀。

六、赏一赏

欣赏科教片《中国四大佛教名山》,体验其中蕴含的思想哲理。

代沟 梁实秋

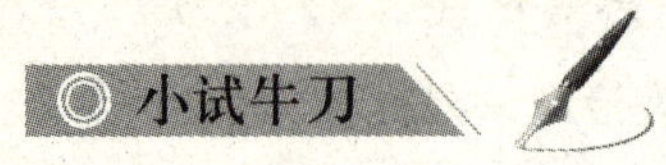

小试牛刀

猜谜

宋代著名女词人朱淑真曾做一首《断肠谜》,向离家经商的丈夫委婉叙述离情别恨。一共十句,每句打一个数字。谜面如下,你能猜出谜底吗?

下楼来,金簪卜落;
问苍天,人在何方;
恨王孙,一直去了;
詈冤家,言去不回;
悔当初,吾错失口;
有上交,无下交;
皂白何须问;
分开不用刀;
从今莫把仇人靠;
千里相思一撇消。

开心一刻

饭桌上的幽默

著名文学家梁实秋晚年生活在台湾,常到一个叫“渔家庄”的饭店请客、用餐。有一天,他请的客人不喝酒,梁实秋告诉服务员饭和菜可以同时上来。可菜上齐了,迟迟不见米饭端上来,气氛很尴尬。

梁实秋微笑着问道:“小姐,是不是稻子还没有收割呀?”

服务员笑着回答:“您稍等,正在插秧呢!”在座宾客无不哈哈大笑。

很多时候,良好的沟通是人际交往成功的要诀之一,现实生活中,你有用小幽默化解尴尬的实例吗?说说吧!

选文

代沟是翻译过来的一个比较新的名词,但这个东西是我们古已有之的。自从人有老少之分,老一代与少一代之间就有一道沟,可能是难以飞渡的深沟天堑,也可能是一步迈过的小渎阴沟,总之是其间有个界限。沟这边的人看沟那边的人不顺眼,沟那边的人看沟这边的人不像话,也许吹胡子瞪眼,也许拍桌子卷袖子,也许口出恶声,也许真个的闹出命案,看双方的气质和修养而定。

《尚书·远逸》:“相[①]小人[②],厥[③]父母勤劳稼穑。厥子乃不知稼穑之艰难,乃逸乃谚[④]既诞[⑤]。否则[⑥]侮厥父母曰:‘昔之人无闻知’。”这几句话很生动,大概是我们最古的代沟之说的一个例证。大意是说:请看一般小民,做父母的辛苦耕稼,年轻一代不知生活艰难,只知享受放荡,再不就是张口顶撞父母说:“你们这些落伍的人,根本不懂事!”活画出一条沟的两边的人对峙的心理。小孩子嘛,总是贪玩,好逸恶劳,人之天性。只有饱尝艰苦的人,才知道以无逸为戒。做父母的人当初也是少不更事的孩子,代代相仍,历史重演。一代留下一沟,像树身上的年轮一般。

虽说一代一沟,腌臜[⑦]的情形难免,然大体上相安无事。这就是因为有所谓传统者,把人的某一些观念胶着在一套固定的范畴里。“不以规矩不能成方圆”,大家都守规矩,尤其是年轻的一代。“鞋大鞋小,别走了样子!”小的一代自然不免要憋一肚皮委屈,但是,别忙,“多年的媳妇熬成婆,多年的道路走成河”,转眼间黄口小儿变成了鲐背耇老[⑧],又轮到自己唉声叹气,抱怨一肚皮不合时宜了。

我记得我小的时候,早起要跟着姊姊哥哥排队到上屋给祖父母请安。像早朝一样的肃穆而紧张,在大柜前面两张二人凳上并排坐下,腿短不能触地,往往甩腿,这是犯大忌的,虽然我始终不知是犯了什么忌。祖父母的眼睛瞪得圆圆的,手指着我们的前后摆动的小腿说:“怎么,一点样子都没有!”吓得我们的小腿立刻停摆,我的母亲觉得很没有面子,回到房里着实地数落了我们一番。祖孙之间隔着两条沟,心理上的隔阂如何得免?当时我心里纳闷,我甩腿,干卿底事。我十岁的时候,进了陶氏学堂,领到一身体操时穿的白帆布制服,有亮晶的铜纽扣,裤边还镶贴两条

红带，现在回想起来有点滑稽，好像是卖仁丹游街宣传的乐队，那时却扬扬自得，满心欢喜地回家，没想到赢得的是一头雾水，“好呀！我还没死，就先穿起孝衣来了！”我触了白色的禁忌。出殡的时候，灵前是有两排穿白衣的“孝男儿”，口里模仿号丧的哇哇叫。此后每逢体操课后回家，先在门洞脱衣，换上长褂，卷起裤筒。稍后，我进了清华，看见有人穿白帆布橡皮底的网球鞋，心羡不已，于是也从天津邮购了一双，但是始终没敢穿了回家。只求平安少生事，莫在代沟之内起风波。

大家庭制度下，公婆儿媳之间的代沟是最鲜明也最凄惨的。儿子自外归来，不能一头扎进闺房，那样做不但公婆瞪眼，所有的人都要竖起眉毛。他一定要先到上房请安，说说笑笑好一大阵，然后公婆（多半是婆）开恩发话：“你回屋里歇歇去吧”，儿子奉旨回到阃闱。媳妇不能随后跟进，还要在公婆面前周旋一下，然后公婆再度开恩，“你也去吧”，媳妇才能走，慢慢地走。如果媳妇正在院里浣洗衣服，儿子过去帮一下忙，到后院井里用柳罐汲取一两桶水，送过去备用，结果也会招致一顿长辈的唾骂：“你走开，这不是你做的事。”我记得半个多世纪以前，有一对大家庭中的小夫妻，十分的恩爱，夫暴病死，妻觉得在那样家庭中了无生趣，竟服毒以殉。殡殓后，追悼之日政府颁赠匾额曰：“彤管扬芬⑨”，女家致送的白布横披曰：“看我门楣！”我们可以听得见代沟的冤魂哭泣，虽然代沟另一边的人还在逞强。

以上说的是六七十年前的事。代沟中有小风波，但没有大泛滥。张公艺九代同居，靠了一百多个忍字，其实九代之间就有八条沟，沟下有沟，一代压一代，那一百多个忍字还不是一面倒，多半由下面一代承当？古有明训，能忍自安。

五四运动实乃一大变局。新一代的人要造反，不再忍了。有人要“整理国故”，管他什么三坟五典八索九丘，都要揪出来重新交付审判。礼教被控吃人，孔家店遭受捣毁的威胁，世世代代留下来的沟要彻底翻腾一下，这下子可把旧一代的人吓坏了。有人提倡读经，有人竭力卫道，但是不是远水不救近火，便是只手难挽狂澜。代沟总崩溃，新一代的人如脱缰之马，一直旁出斜逸奔放驰骤到如今。旧一代的人则按照自然法则一批一批的凋谢，填入时代的沟壑。

代沟虽然永久存在，不过其现象可能随时变化。人生的麻烦事，千端万绪，要言之，不外财色两项。关于钱财，年长的一辈多少有一点吝啬的倾向。吝啬并不一定全是缺点。“称财多寡而节用之，富无金藏，贫不假贷，谓之啬。积多不能分人，而厚自养，谓之吝。不能分人，又不能自养，谓之爱。”这是《晏子春秋》的说法。所谓爱，就是守财奴。是有人好像是把孔方兄一个个的穿挂在他的肋骨上，取下一个都是血丝糊拉的。英文俚语，勉强拿出一块钱，叫作“咳出一块钱”，大概也是表示钱是深藏于肺腑,需要用力咳才能跳出来。年轻一代看了这种情形,老大的不以为然,心里想:“这真是‘昔之人,无闻知’,有钱不用,害得大家受苦,忘记了‘一个钱也带不了棺材里去’。”心里有这样的愤懑蕴积,有时候就要发泄。所以,曾经有一个儿子向父亲要五十元零用,其父靳而不予,由冷言恶语而拖拖拉拉,儿子比较身手矫健,一把揪住父亲的领带(唉,领带真误事),领带越揪越紧,父亲一口气上不来,一翻白眼,死了。这件案子,按理应剐,基于“心神丧失”的理由,没有剐,在代沟的历史里留下一个悲惨的记录。

人到成年,嘤嘤求偶,这时节不但自己着急,家长更是担心,可是所谓代沟出现了,一方面说这是我的事,你少管,另一方面说传宗接代的大事如何能不过问。一个人究竟是姣好还是寝陋,是端庄还是阴鸷,本来难有定评。“看那样子,长头发、牛仔裤、嬉游浪荡、好吃懒做,大概不是善类。”“爬山、露营、打球、跳舞,都是青年的娱乐,难道要我们天天匀出功夫来晨昏定省,膝下承欢?”南辕北辙,越说越远。其实“养儿防老”“我养你小,你养我老”的观念,现代的人大部分早已不再坚持。羽毛既丰,各奔前程,上下两代能保持朋友一般的关系,可疏可密,岁时存问,相待以礼,岂不甚妙?谁也无需剑拔弩张,放任自己,而诿过于代沟。沟是死的,人是活的!代沟需要沟通,不能像希腊神话中的亚历山大以利剑砍难解之绳结那样容易的一刀两断,因为人终归是人。

(选自《梁实秋雅舍全集·雅舍杂文》,武汉出版社2013年版)

注　释

①相:看。

②小人:小民百姓。

③厥:其。

④谚:犟头倔脑,粗俗。

⑤既诞:时间长了,长大以后。

⑥否则:于是,反过来。

⑦腌臜:在这里意思为让人讨厌不痛快。

⑦鲐(tái)背耇(gǒu)老:泛指老人。

⑨彤管扬芬:类似古代贞节牌坊上写的“节孝流芳”之类的词语。彤管,红色笔管的笔。古代皇宫内的女史,以此记录后妃的事迹。扬芬,字面可以理解为散发出芬芳的气息,类似“流芳”。

学习活动

一、填一填

梁实秋(1903—1987),祖籍浙江杭州,生于北京。1923 年毕业于清华学校高等科,以(　　　　)派文艺批评家著称,推崇新人文主义,倡导思想自由。翻译《(　　　　)全集》,结集出版《(　　　　)小品》《雅舍杂文》《清华八年》等 20 余种,涉及小品、杂感、游记、回忆录、读书札记等文体。

梁实秋的小品文大都是取材于平凡的日常人生,说古道今,谈论人物,抒发人生的情趣,体现出一种清雅通脱的襟怀。在幽默诙谐中含蕴了几分讽刺,又在讽刺揶揄中透出了几分亲切和温厚。

二、想一想

1. 文章写了有关代沟的几件趣事?

2. 代沟,又叫代际冲突,是一种普遍的社会现象,它阻碍了代与代之间思想、感情和生活上的交流和沟通。代沟是怎么产生的? 怎样消除或减轻两代人之间的代沟呢?

三、说一说

具有一定的人际交往能力是存身立世的必然条件之一,说说我们在人际交往中存在的困惑和障碍。

四、写一写

审视自我成长历程,用 300 字左右篇幅,描写一次与父母或他人的矛盾冲突。

五、读一读

课外阅读知名博主王路的散文《孔子眼中的代沟》,探析与本文写作角度和语言风格的差异。

六、赏一赏

欣赏经典电影《驯龙高手》或者《海底总动员》,了解父辈与子辈的冲突与沟通。

论孩子 | [美]纪伯伦

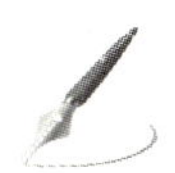

小试牛刀

孩子的天性是纯真善良的，他们天真烂漫，对这个世界显现出极大的好奇心和求知欲。从一朵花儿、一片树叶，到一只虫子、一条金鱼，以及一只活蹦乱跳的狗或猫，都会引起他们无穷无尽的兴趣。你能把下面这些描写儿童的诗句填写完整吗？

借问酒家何处有？(　　　　　　　　　　)。(杜牧《清明》)

儿童相见不相识，(　　　　　　　　　　)。(贺知章《回乡偶书二首·其一》)

最喜小儿亡赖，(　　　　　　　　　　)。(辛弃疾《清平乐·村居》)

儿童急走追黄蝶，(　　　　　　　　　　)。(杨万里《宿新市徐公店》)

童孙未解供耕织，(　　　　　　　　　　)。(范成大《夏日田园杂兴·其七》)

草铺横野六七里，(　　　　　　　　　　)。(吕岩《牧童》)

归来饱饭黄昏后，(　　　　　　　　　　)。(吕岩《牧童》)

牧童骑黄牛，(　　　　　　　　　　)。(袁枚《所见》)

儿童散学归来早，(　　　　　　　　　　)。(高鼎《村居》)

蓬头稚子学垂纶，(　　　　　　　　　　)。(胡令能《小儿垂钓》)

路人借问遥招手，(　　　　　　　　　　)。(胡令能《小儿垂钓》)

牧童归去横牛背，(　　　　　　　　　　)。(雷震《村晚》)

遥怜小儿女，(　　　　　　　　　　)。(杜甫《月夜》)

重重叠叠上瑶台，(　　　　　　　　　　)。(苏轼《花影》)

开心一刻

冰心起名字

第一篇文章《二十一日听审的感想》发表之后，刘放园表兄鼓励冰心，说她能写，让她再写，同时还不断地寄《新潮》《新青年》《改造》等十几种新出的杂志给她看。经过一段时间的酝酿，冰心写了一篇小说《两个家庭》，描写了两个家庭由于教育与文化背景的不同，走上了两条生活的道路。小说写好后，很羞怯地寄给刘放园表兄。

这篇小说，用“冰心”为笔名。一来是因为冰心两字，笔画简单好写，而且是“莹”字的含义。二来是她太胆小，怕人家笑话批评；冰心这两个字，是新的，人家看到的时候，不会想到这两字和谢婉莹有什么关系。稿子寄去后，她连询问的勇气都没有！但是，三天之后，居然登出了，小说在《晨报》上登出来了，并且是连载三天，署名为冰心女士。冰心打电话到报社，询问为何要在“冰心”后面加上“女士”；但木已成舟，不能更改。所以，后来，冰心往往也以“冰心女士”的笔名发表文章，出版著作。

在报纸上看到自己的创作，冰心觉得有说不出的高兴。刘放园表兄又竭力地鼓励她再作。冰心抱着满腔的热情，白天上街宣传，募捐，开会；夜里就笔不停地挥写“问题小说”，每周都有新作品问世。此后，谢婉莹这个名字被淡忘了，“冰心”却扬名于世。

对冰心这个名字，坊间有“恨水不结冰”的传说，说的是民国时期著名小说家、《啼笑姻缘》的作者张恨水，他原名张心远，此人单恋女作家冰心，取笔名“恨水”，表达自己最终不能结冰之憾。

名作家的笔名往往有着非比寻常的境遇与故事，查询“鲁迅、艾青、茅盾、曹禺、巴金、废名”等含义，和同学交流一下吧！

◎ 选文

你们的孩子，都不是你们的孩子，
乃是“生命”为自己所渴望的儿女。
他们是借你们而来，却不是从你们而来，
他们虽和你们同在，却不属于你们。
你们可以给他们以爱，却不可给他们以思想，
因为他们有自己的思想。
你们可以荫庇他们的身体，却不能荫庇他们的灵魂，
因为他们的灵魂，是住在“明日”的宅中，那是你们在梦中也不能想见的。

你们可以努力去模仿他们，却不能使他们来像你们，

因为生命是不倒行的，也不与“昨日”一同停留。

你们是弓，你们的孩子是从弦上发出的生命的箭矢。

那射者在无穷之中看定了目标，也用神力将你们引满，使他的箭矢迅疾而遥远地射了出去。

让你们在射者手中的“弯曲”成为喜乐吧；

因为他爱那飞出的箭，也爱了那静止的弓。

（选自《先知》，人民文学出版社 1957 年版，冰心译）

学习活动

一、填一填

纪伯伦（1883—1931），（　　　　　　）（国别）诗人、散文家、画家。他在黎巴嫩接受了基础教育，曾到法国学习绘画，1911 年起长期定居美国。他是阿拉伯近代文学史上第一位使用（　　　　　　）体的作家。主要作品有散文诗集《先知》《泪与笑》《沙与沫》等。他的作品大多以爱与美为主题，通过大胆的想象和象征的手法，表达深沉的情感和高远的理想。这首诗的题目虽为《论孩子》，具体内容却是论（　　　　）之道的。

二、想一想

1. 回忆自己的童年，父母是怎样教育我们的？
2. 文中是怎样描写孩子不是父母的附属物的？

三、说一说

1. 面对父母的教育，我们内心真实的想法是什么？
2. 如何与父母做好沟通？

四、写一写

假如我们以后做了父母，该如何教育自己的孩子，让孩子健康快乐地成长？试写一篇 500 字左右的小文章。

五、读一读

阅读《俞敏洪 VS 窦桂梅：孩子的天性与父母的规矩》节选，思考自己在今后的成长道路上该如何做。

“儿童的天真和老人的理智是两个季节所结的果实”，说的是属于孩子的天真与生俱来；“只有美貌而缺乏修养的人是不值得赞美的”，强调的是教养的后天培养。保护孩子的天性包括他们的想象力和创造力，以及好奇心和探究心，这属于智力和思想的教育。而这跟父母的规矩并不矛盾：规矩让孩子知礼、有教养、有底线，这属于做人和处世的教育。孩子的天真不能被磨灭，家庭的规矩不能缺失。

2014 年 11 月 14 日，《掷地有声》名家沙龙栏目再次走进清华附小，邀请到了新东方教育科技集团董事长兼 CEO 俞敏洪对话清华附小校长窦桂梅谈孩子的天性与家庭的规矩。

新东方教育科技集团董事长兼 CEO 俞敏洪：亲爱的家长、老师们，大家下午好！很高兴来到清华附小和搜狐教育沙龙现场。首先，我们要教育好孩子的第一条就是先教育好自己。我们往往喜欢把自己的孩子和别人的孩子做比较，但我觉得这是不可比的。每个孩子都是独立的个体，就像一棵独立的树，全世界每棵树长成一样的时候，这个世界的光辉就没有了。

家庭教育既难，又不难，前两天我读到一篇文章，父母的心平气和是孩子成长的最大养分。父母如果随着自己的情绪好坏来教育孩子的话，那么这个孩子成长过程中一定无所依从，他搞不清楚到底想要什么，也搞不清自己怎样去迎合父母的脾气。如果我们的父母能够控制自己的情绪，在任何时候都能充满理性地跟孩子进行交流和沟通的话，那么孩子一定可以养成心平气和的情绪，这样氛围当中生长起来的孩子就能够心平气和地面对困难、挫折、失败，等等。

说到规矩，好像孩子都遵守规矩，一个规矩只要放在那儿不变，孩子就会一直遵循下去。我从上小学的第一天开始，母亲对我有一个要求：每天早上起来必须把被子叠好，扫完地才能去上学，一直到 18 岁上大学都没有改变。我到大学也一直扫地，这带来一个好处——大家认为我比较喜欢为同学服务，都认为我是一个不错的人，最后都投奔我一起做新东方。刚才附小的楼梯上面有一句话叫作：“永远做一个善良的人。”是的，做一个善良的人永远比做一个斤斤计较的人获得的东西多。

说到家庭教育有几个要素，第一个要素，孩子生长的环境要素。我在很多家庭教育讲座问过一个问题："请问多少家庭家里是有书架的？"第二个问题："书架上面放满五百本书的有多少？"第三个问题："有多少家长有晚上睡觉以前看半小时到一小时书的习惯？"我做过很多家庭调查，喜欢读书的孩子，将来克服挫折的能力强很多，他会把从书中得到的知识变成自己内心的思想，当然，书呆子型的读书除外。

8岁以前，大部分孩子的抽象思维能力和逻辑思维能力相对较差，这也是大部分孩子在小学二年级以前数学不太好的重要原因，他们对数学不感兴趣，这也是为什么小学二年级学数据用工具道具去学，这是反复研究过的。8岁以前孩子的想象力和创造力、形象思维能力特别丰富，这个时候要更加注重开发他们的想象力和形象思维能力，这个前提之下读故事特别重要。

有人问读故事和看电影的区别在什么地方？反复研究的结果表明，如果说给孩子讲故事、包括孩子自己读故事，对孩子想象力和形象思维能力的强化会比只看动画片的孩子好很多。我想告诉家长，这个过程其实是两个要素，第一个要素通过锻炼孩子的读书习惯，让孩子一辈子喜欢读书。第二，锻炼孩子的某种能力，而这个能力对他的一生来说都非常重要。

我在三四岁的时候，母亲只给我买书，不买别的东西，母亲要营造一个读书氛围，于是我喜欢上读书，父母种下的种子会在孩子身上生根发芽。孩子在什么样的氛围当中长大他就会变成什么样的人，这是非常关键的。

第二个要素是家长给孩子时间的多少，直接决定了家长跟孩子的交流的情况以及孩子对家庭的感觉。我们曾经做过一个调研：把爸爸、妈妈、爷爷、奶奶、电脑和小狗放在船上，船承载不起，要扔掉三件东西。调查结果是：妈妈百分之百被留下来——可见妈妈跟孩子接触的时间非常多，再接下来有爷爷、奶奶，或许还有电脑和狗，唯独爸爸最少。

事实上，孩子是父母两个人教育的结果，靠母亲一个人是完不成这件事情的。我们跟孩子在一起的时候，其实有意无意中已经通过自己的行为传输我们的人生价值，孩子对父母一定是有样学样，我们很难发现一个斤斤计较的家庭里面能够走出胸怀博大的孩子，我们很难在一个世俗的家庭里面发现一个孩子有着高雅和清纯。

我们为孩子花有质量的时间。有质量的时间概念是什么？我们跟孩子在一起的时候，最重要的是要对他们进行心情教育、性情教育，塑造他们健康快乐的个性、

积极向上的态度、宽阔的胸怀以及坚韧不拔的精神。我们怎么样让孩子在这种教育中长大？我一直认为比知识教育要重要很多。如果把孩子的人格、个性、态度、精神、习惯、心理、能力、处世、技能培养好，即使在班里是最后一名我也不认为这个孩子会没出息。我们大学毕业不就为了找一份好工作吗？但是找到好工作并不是完成人生的全部，有了终身可以依赖的技能才是比较完善的人。

我曾经到日本考察过他们的教育，一年级的小孩自己背着书包，家长在后面跟着，绝对不给孩子拿任何东西，从小培养孩子的独立性。更加有意思的是，我跟幼儿园的老师聊天，他们幼儿园给孩子洗冷水澡，锻炼孩子的身体健康能力。我问：洗凉水澡孩子感冒了怎么办？家长不会骂你们吗？不会，家长把洗澡感冒的孩子领走，说一句："对不起是我没有把孩子培养好，回去继续培养直到洗冷水澡不感冒再来。"对于怎么培养孩子，我们还需要去思考。

在美国曾经有一个调查：决定孩子成功的最重要的因素是什么？不是我们给幼年的孩子灌输了多少知识，而是在于能否帮助孩子培养一系列的重要性格特质，如毅力、自我控制、好奇心、责任心、勇气以及自信心，这些将影响其一生。拥有坚毅品格的孩子更容易取得成功。

坚毅怎么培养？我想到挫折教育。对于挫折教育每个人有不同的理解，有的父母想的是，打骂得越多孩子越皮实。很多有出息的孩子都是被打骂出来的，我小时候被打骂一点点心理障碍都没有。因为农村孩子家家户户都打孩子，扯平了。语言也好、行动也好是不是给孩子造成心理障碍和心理伤害，如果没有的话那就没事。

定规矩有时候也是一样，规矩的严厉性跟规矩的合理性是必须要考虑进去。我儿子 3 岁左右的时候用餐巾纸擦完鼻子往地上扔，我回家看完让他捡起来，他还故意再扔一张纸。我也没打他，冬天给他棉袄一披关到门外去，孩子在门外害怕，过了五分钟敲门了。我说你干什么？回来捡纸。捡起来扔到垃圾箱里面去，从此以后不敢往地上扔任何东西，这种严厉对他没造成伤害。

我们需要培养孩子三种力量，情商、智商和逆商。智商的开发很简单，要把孩子的学习能力、研究能力和考试能力培养好，中国以考试能力为重，真正的研究、学习能力比较欠缺，国外的孩子在小学就写论文，而中国孩子到了国外大学学论文像进入地狱一样，从来没有这么写过，我们研究能力不够。

情商能力的培养方面，我们把孩子培养成被人信任、善于分享、乐于助人的人，孩子很大气很大方，该勇敢的时候勇敢，该承担的时候承担，该开朗的时候开朗，该收敛的时候收敛。当然对孩子提这个要求不太容易，但是从小到大是可以培养出来的，善于分享乐于助人。这是我从我自己身上总结出来，这三点都是我父母那儿继承过来的，最后变成我自己后来做新东方的基础。不喜欢一群人在一起玩，就做不起一个事业。

逆商不是说把孩子骂一顿，如果说我们从小对孩子的挫折教育是以侮辱打击或者讽刺，让孩子处在不断受挫折的状态，那他痛苦的成长其实就不可能转化成坚毅的个性。坚毅是新东方的校训——“在最失败最痛苦的时候依然感觉到前面有希望”，这是坚毅的特征。怎样培养孩子的逆商？以鼓励教育为主而不是说以挫败教育为主。

我们很多孩子不愿意参加集体活动，也不愿意参加团队合作，他怕在团队当中被人比下去。家长需要告诉孩子：你自己不要跟别人比，只要在这个活动中感到快乐就可以了，孩子从小养成凡事都要比较的心态，比到最后心理就会失衡。

我时常带儿子去爬山，1800 米、1700 米一天爬上去，徒步 30 公里，走不动也得走，培养他的毅力，这跟学习没关系。我也培养他的创新能力，他对 3D 打印机感兴趣我也给他买。让孩子自然成长。诚信、诚实、负责、友好、善良……这些是我教育孩子的核心词。把握这些东西以后，其他东西都是生出来的树叶，树根在树枝在，成绩怎么样、上什么大学都不是那么重要的事情，这是我的教育观。孩子的成长至少需要我们持续不断的正确努力，中国有 50% 的家长在竭尽全力爱孩子的同时，也在把孩子毁掉，对孩子提出不正确的要求。

（选自搜狐教育）

六、赏一赏

欣赏动画片《中华弟子规》，思考其中对孩子的教育与《论孩子》的不同。

第三单元

Chapter THREE

珍视友情

古往今来，人们赞美友谊，珍视友谊。就是因为友谊是可贵的。俄国诗人普希金说："不论是多情的诗句，漂亮的文章，还是闲暇的快乐，什么都不能代替无比亲密的友谊。"

在共同学习生活中建立的友谊，是一种纯真、美好的情感。它给大家带来欢乐和温暖，带来战胜困难的勇气和力量。重要的是，这份真正的友谊需要用真诚来播种，用谅解来护理，用原则来培植，用包容去呵护，用分享去升华。

人世间的友情，好似寒冬里一缕温暖的阳光，盛夏里一泓甘洌的山泉，黑夜里一盏跳动的烛光，滔天巨浪中一片宁静的港湾。人们常说的"海内存知己，天涯若比邻"，就是对友情的生动写照。

同学们，人生可以无伴侣，但不可无朋友，朋友是精神层面的灵犀相同，是生活中的知音知己。希望同学们走出心灵的宅院，多交朋友，广结善缘，在友情的滋润中提升自己。

金陵酒肆留别 | 李 白

小试牛刀

成语对对子

要求：注意对仗要工整，意思要相对。

例如：粗茶淡饭——山珍海味　　指鹿为马——点石成金

1. 井然有序——(　　　　)　　2. 固若金汤——(　　　　)

3. 精雕细刻——(　　　　)　　4. 伶牙俐齿——(　　　　)

5. 守株待兔——(　　　　)　　6. 沉鱼落雁——(　　　　)

7. 望梅止渴——(　　　　)　　8. 流芳百世——(　　　　)

9. 流芳百世——(　　　　)　　10. 井然有序——(　　　　)

11. 雪中送炭——(　　　　)　　12. 愚公移山——(　　　　)

13. 上天无路——(　　　　)　　14. 雪中送炭——(　　　　)

15. 前人栽树——(　　　　)　　16. 洗心革面——(　　　　)

开心一刻

李白斗酒诗百篇

据《新唐书·李白传》中记载，唐玄宗时，大诗人李白任翰林之职。有一天，皇帝在后宫里欣赏歌舞，可听遍了所有的曲目歌词，全是早已听腻了的老歌，他感到乏味了，下令宣李白进宫作几道新歌词，来增加点气氛。

侍从们火速赶到李白的住处，却怎么也找不到，于是又调集大批侍从在城里挨家挨户寻找，最后，好不容易在一家酒馆里找到了他。此时的李白已经喝了好多酒，大醉。侍从们要求李白快些进宫，说皇帝恐怕已经很不耐烦了。

李白听说皇帝宣他进宫，也斜着眼睛说："皇帝？我是天上的神仙，也管得了我？"那些侍从们顾不上脸面了，一个劲地哀求李白，好说歹说，李白才敞着衣襟，登上了进宫的大船。进了宫，见了皇帝，酒劲儿更大了，旁若无人，对皇帝的话不予理睬，嘴里还是神仙一类的话。唐玄宗又气又急，只好让宫女们往他身上泼凉水，想把他喷醒，还是非要让他作诗不可。

李白勉强睁开眼，迷迷糊糊拿着递上来的笔，跌跌撞撞地走到铺好了纸的桌子旁边，"唰，唰，唰"，一会儿便写出了十多首新诗。写完，把笔一扔，倒在地上呼呼大睡起来。玄宗皇帝拿过诗稿一看，顿时欣喜若狂，赞叹连声："好诗，好诗，真是好诗……"

后来，杜甫听说了这件事，写下了《饮中八仙歌》。诗中除描写贺知章、李琎、李适之、崔宗之、苏晋、张旭、焦遂七位当时著名的豪饮诗人之外，特别描述了李白这一段酒后趣事，记录了他对玄宗的命令视若儿戏，醉中所作新诗都是佳作，深得皇帝赞赏的故事。诗中写道："李白斗酒诗百篇，长安市上酒家眠。天子呼来不上船，自称臣是酒中仙。"

请把你知道的与酒有关的诗词说出来和同学分享一下。

选文

风吹柳花满店香，吴姬①压酒②劝客尝。
金陵③子弟④来相送，欲行⑤不行⑥各尽觞⑦。
请君试问东流水，别意与之谁短长？

（选自《唐诗宋词名篇精选精讲》，武汉大学出版社2008年版）

注　释

①吴姬：吴地的青年女子，这里指酒店中的侍女。

②压酒：压糟取酒。古时新酒酿熟，临饮时方压糟取用。

③金陵：今江苏省南京市。

④子弟：指李白的朋友。

⑤欲行：要走的人，指李白自己。

⑥不行：送行的人，指金陵子弟。

⑦尽觞(shāng):喝尽杯中的酒。

学习活动

一、填一填

李白(701—762),字太白,号(　　　　　),(　　　　　　)朝诗人,是伟大的浪漫主义诗人。李白的诗雄奇飘逸,艺术成就极高。其诗风豪放飘逸,想象丰富,语言流转自然,音律和谐多变,被后人誉为(　　　　　　　　),他与杜甫并称为(　　　　)。

李白诗作很多都是醉时写的,有“李白斗酒诗百篇”之说。而郭沫若先生曾经煞费苦心地统计过,李白存世的诗歌中含有“酒”成分的占百分之十七。

二、想一想

1. 诗的首句“风吹柳花满店香”为全诗营造了一个令人陶醉的环境,请简析其中的“香”字在此有哪些意蕴。

2. 试析最后两句所运用的修辞手法及其效果。

3. 诗歌最后把“东流水”与“别意”做比较,有什么好处?

4. 古人评论此诗“语不必深,写情已足”。请简析全诗是如何把惜别之情写得饱满酣畅的。

三、听一听

李荣浩　歌曲《李白》

赵嘉依　歌曲《李白很忙》

蔡秋凤　歌曲《醉李白》

莫文蔚　歌曲《如果你是李白》

四、写一写

李白能够“斗酒诗百篇”,请搜集李白诗歌中和酒有关的名句。

浪淘沙(把酒祝东风) | 欧阳修

◎ 小试牛刀

仿写句子

友谊是冬日里的一缕暖阳,让人温暖如春;

友谊是(　　　　　　　　　　　　　　　　　　);

友谊是(　　　　　　　　　　　　　　　　　　);

友谊是(　　　　　　　　　　　　　　　　　　);

友谊是(　　　　　　　　　　　　　　　　　　)。

◎ 开心一刻

欧阳修过关

欧阳修未仕时,四处奔波求学。一天傍晚来到一座城下,城门已关。他对守城的老兵拱手施礼道:“烦请老伯开门,权放学生进去。”

守城的老兵说:“我出一对联给你,对得出就放你进城,对不出明早再进。”

老兵吟道:“开关早,关关迟,放过客过关。”

欧阳修接上说:“出对易,对对难,请先生先对!”

老兵说:“你不对出来,就不放你进去!”

欧阳修说:“我已经对过了。”

老兵一想,恍然大悟,立即开了城门。

请把你知道的一些有意思的对联和同学们分享一下。

选文

把酒[①]祝东风，且共从容[②]。垂杨紫陌[③]洛城[④]东。总是[⑤]当时携手处，游遍芳丛。

聚散苦匆匆[⑥]，此恨无穷。今年花胜去年红。可惜明年花更好，知与谁同？

（本文选自《宋词三百首》，中华书局2010年版，吕明涛，谷学彝编注）

注　释

①把酒：端着酒杯。

②从容：留恋，不舍。

③紫陌：紫路。洛阳曾是东周、东汉的都城，据说当时曾用紫色土铺路，故名。此指洛阳的道路。

④洛城：指洛阳。

⑤总是：大多是，都是。

⑥匆匆：形容时间匆促。

学习活动

一、填一填

欧阳修（1007—1072），字永叔，号（　　　），（　　　）朝文学家、史学家。庐陵（今江西吉安）人。谥号（　　　），世称欧阳文忠公。政治上曾支持过范仲淹等的革新主张，文学上主张明道、致用，对宋初以来靡丽、险怪的文风表示不满，领导了北宋诗文革新运动。散文说理畅达，抒情委婉，为（　　　　　　）之一。

二、想一想

1. 本词是一首游宴之作，但作者在上片中并未直接描写宴饮的场面，请结合诗句分析诗人为什么要这样处理？

2. 结合诗句“今年花胜去年红。可惜明年花更好，知与谁同？”，分析作者所表达的情感。

3. 从写花的角度，去年、今年、明年有何不同？这样写有什么好处？

4. 这首词上片叙事，下片抒情。试问上片叙述了什么事？下片抒发了怎样的情感？

三、诵一诵

请同学们配乐朗诵这首词。

四、写一写

请同学们自己填写一首词，词牌是“浪淘沙”，内容是关于与好友久别相聚。

送　别 | 李叔同

小试牛刀

将下列关于“送别”的诗词补充完整。

1. 浮云游子意，(　　　　　　　　　　)(李白《送友人》)

2. (　　　　　　　　　　)，西出阳关无故人。(王维《送元二使安西》)

3. (　　　　　　　　　　)，天涯若比邻。(王勃《送杜少府之任蜀州》)

4. 洛阳亲友如相问，(　　　　　　　　　　)。(王昌龄《芙蓉楼送辛渐》)

5. 但去莫复问，(　　　　　　　　　　)。(王维《送别》)

6. 相见时难别亦难，(　　　　　　　　　　)。(李商隐《无题·相见时难别亦难》)。

7. (　　　　　　　　　　)，天下谁人不识君。(高适《别董大二首》)

8. 故人西辞黄鹤楼，(　　　　　　　　　　)。(李白《黄鹤楼送孟浩然之广陵》)

开心一刻

改天再约

有一次，李叔同与欧阳予倩约定早上 8 点钟在李叔同的住所见面。欧阳予倩住的地方离李叔同的住所很远，再加上路上堵车，当他匆忙赶到李叔同住所的时候，已经比约定时间晚了 5 分钟。当欧阳予倩将名片递进去后，李叔同打开窗子对他说：“我和你约的是 8 点钟，可是你已经过了 5 分钟，我现在没有工夫了，我们改天再约吧。”李叔同说完，向欧阳予倩点点头，然后关上窗子就再无音息了。欧阳予倩无奈，只有自认倒霉而打道回府。对于李叔同的这种脾性，欧阳予倩非常理解，他觉得李叔同“律人很严，责己也严，我倒和他交得来”。

对于李叔同的认真守信，惜时如金，你是怎么看的？

◎ 选文

长亭外，
古道边，
芳草碧连天。
晚风拂柳笛声残[①]，
夕阳山外山[②]。

天之涯，
地之角，
知交半零落[③]。
一觚浊酒尽[④]余欢，
今宵别梦寒。

（选自《天心月圆·弘一法师》，山东画报出版社 1994 年版）

注　释

①残：将结束。

②山外山：指一座座连绵的山。

③零落：原指花草凋落、分散，这里指朋友的分别或去世。

④尽：尽量享受。

◎ 学习活动

一、填一填

李叔同(1880—1942)，法号(　　　　　　)。李叔同是“二十文章惊海内”的大师，他多才多艺，集诗、词、书画、篆刻、音乐、戏剧、文学于一身。既是一代高僧，又是才华横溢的音乐、美术教育家，还是书法家和戏剧活动家。其卓越的艺术造诣，先后培养出了名画家(　　　　　　)、音乐家(　　　　　　)等一些文化名人。

剃度为僧后，他苦心向佛，过午不食，精研律学，弘扬佛法，是中国传统文化与佛教文化相结合的优秀代表，被佛门弟子奉为“律宗第十一代世祖”。赵朴初先生评价大师的一生为(　　　　)。

二、想一想

1. 本词言送别却未着一个“别”字,试分析作者是如何抒发情感的。
2. 本词运用了衬托对比和虚实相生的艺术手法,请简要分析。
3. 为什么说20世纪的中国文化界,李叔同无疑是最具传奇性的人物?

三、比一比

为送别朋友而赋诗,是唐诗宋词一个重要的组成部分。阅读白居易的《赋得古原草送别》,与李叔同的《送别》做一下比较。

赋得古原草送别

白居易

离离原上草,一岁一枯荣。
野火烧不尽,春风吹又生。
远芳侵古道,晴翠接荒城。
又送王孙去,萋萋满别情。

四、听一听

欣赏歌曲《送别》。

五、读一读

课外阅读张露《李叔同的传奇人生》,让我们用心地去聆听大师一生的“传奇”。

李叔同的传奇人生

张　露

如果说有一种人生华丽而不刺眼,铅华洗尽,返璞归真,历尽世间的奢华百态仍清澈如水,那么这种人生非李叔同大师莫属。总觉得,他是站在生活的最高处俯视苍生;总觉得,他的生命有一种说不出的绚丽多姿。少年时,他是上海滩有名的翩翩公子,风流儒雅,气度不凡。“二十文章惊海内”;留学日本,李叔同以敏锐的艺术灵感创造了很多中国艺术史上的第一;学成归来,先后在天津、上海、浙江教书。

在浙江第一师范学校教授图画音乐课期间,他以其高尚的品格、精湛的艺术、渊博的学识和认真负责的态度,开启了中国近代艺术教育的一个新局面。

他的学生,著名画家丰子恺,曾形象地称"文艺的园地,差不多被他走遍了"。大师在音乐上的造诣颇深。留学日本期间创办了我国第一部音乐刊物《音乐小杂志》。他竭力提倡音乐"琢磨道德,促社会之健全,陶冶性情,感精神之粹美"的社会教育功能。一首《送别》意蕴无限,最后传唱于大江南北,家喻户晓,那含义深邃,意境悠远的歌词,那恬静典雅,抒情流畅的曲调,传唱了一个世纪,润泽了几代人的心灵。淡雅的笛音吹出了离愁,凄美的歌词写出了别绪。

丰子恺先生在《中文名歌五十曲》序言中就竭力把他的这位老师赞扬了一番"西洋名曲,所以传唱于世界者,因为他们都有这样或那样优美的旋律,而李先生有深大的心灵,又兼备文采与乐才,据我所知,中国能作曲又作歌的乐家,也只有先生一人。"

在近现代美术史上,大师也是一个举足轻重的人物。执教杭州一师期间,为了改革中国美术课历来只授临摹画帖的状况,他开设了室内室外写生课,以训练学生绘画基本功。1914 年他在教课时采用了男性裸体模特写生,具有历史性的开创意义。

提到中国近代戏剧史的发展,人们也不会忘记这位才华横溢的艺术家。留学日本期间,在他的组织下在东京成立了艺术团体"春柳社"。1907 年该剧社演出了法国小仲马编剧的《茶花女》第三幕,李叔同饰演女主人公。日本有一位老戏剧家松居,他对李叔同的演技极为欣赏。他说看了这个戏,他想起在法国蒙马得尔小剧场那个女优杜菲列所演的茶花女……

由此可以看出李叔同对戏剧艺术的天才,他在少年时,的确如一般人所说是善于表演的。他和他创办的"春柳剧社",在中国话剧历史上,是值得大书特书的。在演出中,他们仿照日本新剧的形式,摒弃原有唱腔,改用口语对白演绎故事。他们的演出在形式上迥异于传统戏曲而接近西方戏剧,被公认为中国现代话剧开始的标志。

李叔同的诗词在近代中国文学史上同样占有一席之地。他年轻时,即以才华横溢而瞩目文坛。客居上海时,他将以往所作诗词手录为《诗钟汇编初集》,在《城南文社》社友中传阅,城南书社主人许幼园特别仰慕先生的才华,于 1899 年春末让出城南草堂的一部分,请李叔同一家搬来同住,从此两人结为挚交。经常在城南草堂聚会的除袁希濂外,还有江湾蔡小香、江阴张小楼二位,他俩也都是当时上海文艺界的知名人士。这五位才子年岁相差无几且意气相投，遂决定结成金兰之交，号称“天涯五友”，在书社的生活对李先生来说，可谓少年意气，风流不羁。他在《戏赠蔡小香四绝》中写到：“眉间愁语烛边情，素手掺掺一握盈。艳福者般真羡煞，佳人个个唤先生。”“轻减腰围比柳姿，刘桢平视故迟迟。佯羞半吐丁香舌，一段浓芳是口脂。”如此公子哥一般的生活写照，恰好说明了“天涯五友”当时在艺文活动之余的另一个侧面。他们的这段经历，不仅在当时令他难忘，就是后来他到了杭州任浙江省立第一师范学校艺术教师时仍有这种情感的影子。

出家前夕，他将清光绪二十六至三十三年（1900—1907 年）间的 20 多首诗词自成书卷。其中就有《留别祖国并呈同学诸子》《哀国民之心死》等不少值得称道的佳作，表现了他对国家命运和民生疾苦的深切关注。其出家前的五六年间，他还有 30 余首歌词问世。这些作品，通过艺术的手法表达了人们在相同境遇中大都会发生的思想情绪，曾经风靡一时，有的成为经久不衰的传世之作。词家寇梦碧在《读李叔同先生诗词》中说：“叔同先生词，则兼婉约豪放之长，而题材之博大，内容之深广，实为突起异军，超越乡贤。”

（选自中国人物传记网，有删改）

朋友 | 贾平凹

小试牛刀

给下列词语中加点的字注音。

角(　　)色　　露(　　)骨　　绚(　　)烂　　甲壳(　　)

徇(　　)私　　嗜(　　)好　　愠(　　)色　　解剖(　　)

咋(　　)舌　　伺(　　)候　　处(　　)方药　　入场券(　　)

量(　　)体裁衣　　拾(　　)级而上　　力能扛(　　)鼎

否(　　)极泰来　　矫枉(　　)过正　　闭目塞(　　)听

开心一刻

梦想的凳子

贾平凹在一次笔会上讲了自己的故事:从小父母就希望他能有一个正经营生,先是希望他当画匠,后来又想让他当放电影的,这都没有实现,于是就盘算着让他回家种地,并预谋着要为他订下邻村的一个女孩,就在这时候,他竟然考上了县里的高中。上完高中,他考上了一所三流的专科学校。大二的时候,他突然冒出一个想法,在毕业之前,一定要在校报的副刊上发表一篇文章,把自己的名字变成铅字。他开始疯狂地写东西,然而,投给校报的许多稿件,都如泥牛入海。他不想把这些凝着自己心血的文稿扔了,抱着试试看的想法,他向本市的日报社投去几篇,结果意想不到的事情发生了,他的文字竟然出现在了本市的日报上。再后来,他的名字相继出现在了省内外的报刊上。从此以后,他在文学创作方面更加勤奋了,因为他发现,他还有着一项自己都意想不到的才能。

讲完后,贾平凹颇有感慨地说,这个世界上更多的人,是被别人安排着过完一生的,被安排着学哪门技术,被安排着进哪个学校,被安排着在哪个单位上班……

却从来没有真正自己为自己安排一件事情去做。人在这时候，最需要有一只凳子，你站上去，才会发现，你还有着许多没有挖掘出来的才能和智慧。而这只凳子，就是突然闯进你心中的一个想法，一个念头。

最后，他笑着说，没有这个凳子，你永远看不到梦想，更别说拥有它。

“梦想还是要有的，万一实现了呢？”你认为这个故事告诉我们什么呢？

选文

朋友是磁石吸来的铁片儿，钉子，螺丝帽和小别针，只要愿意，从俗世上的任何尘土里都能吸来。现在，街上的小青年有江湖义气，喜欢把朋友的关系叫“铁哥们”，第一次听到这么说，以为是铁焊了那种牢不可破，但一想，磁石吸的就是关于铁的东西呀。这些东西，有的用力甩甩就掉了，有的怎么也甩不掉，可你没了磁性它们就全没有喽！昨天夜里，端了盆热水在凉台上洗脚，天上一个月亮，盆水里也有一个月亮，突然想到这就是朋友么。

我在乡下的时候，有过许多朋友，至今二十年过去，来往的还有一二，八九皆已记不起姓名，却时常怀念一位已经死去的朋友。我个子低，打篮球时他肯传球给我，我们就成了朋友，数年间形影不离。后来分手，是为着从树上摘下一堆桑葚，说好一人吃一半的，我去洗手时他吃了他的一半，又吃了我的一半的一半。那时人穷，吃是第一重要的。现在是过城里人的日子，人与人见面再不问“吃过了吗”的话。在名与利的奋斗中，我又有了相当多的朋友，但也在奋斗名与利的过程中，我的朋友变换如四季。……走的走，来的来，你面前总有几张板凳，板凳总没空过。我作过大概的统计，有危难时护佑过我的朋友，有贫困时周济过我的朋友，有帮我处理过鸡零狗碎事的朋友，有利用过我又反过来踹我一脚的朋友，有诬陷过我的朋友，有加盐加醋传播过我不该传播的隐私而给我制造了巨大的麻烦的朋友。成我事的是我的朋友，坏我事的也是我的朋友。有的人认为我没有用了不再前来，有些人我看着恶心了主动与他断交，但难处理的是那些帮我忙越帮越乱的人，是那些对我有过恩却又没完没了地向我讨人情的人。地球上人类最多，但你一生的交往最多的却不外乎方圆几里或十几里，朋友的圈子其实就是你人生的世界，你的为名为利的奋斗历程就是朋友的好与恶的历史。有人说，我是最能交朋友的，殊不知我的相当多的时间却是被铁朋友占有，常常感觉里我是一条端上饭桌的鱼，你来捣一筷子，他来挖一勺子，我被他们吃剩下一副骨架。当我一个人坐在厕所的马桶上独自享受清静的时候，我想象坐监狱是美好的，当然是坐单人号子。但有一次我独自化名去住了医院，只和戴了口罩的大夫护士见面，病床的号码就是我的一切，我却再也熬不了一个月，第二十七天里翻院墙回家给所有的朋友打电话。也就有人说啦：你最大的不幸就是不会交友。这我便不同意了，我的朋友中是有相当一些人令我吃尽了苦头，但更多的朋友是让我欣慰和自豪的。过去的一个故事讲，有人得了病看医生，正好两个医生一条街住着，他看见一家医生门前鬼特别多，认为这医生必是医术不高，把那么多人医死了，就去门前只有两个鬼的另一位医生家看病，结果病没有治好。旁边人推荐他去鬼多的那家医生看病，他说那家门口鬼多这家门口鬼少，旁边人说：那家医生看过万人病，死鬼五十个，这家医生在你之前就只看过两个病人呀！我想，我恐怕是门前鬼多的那个医生。根据我的性情、职业、地位和环境，我的朋友可以归两大类。一类是生活关照型。人家给我办过事，比如买了煤，把煤一块一块搬上楼，家人病了找车去医院，介绍孩子入托。我当然也给人家办过事，写一幅字让他去巴结他的领导，画一张画让他去银行打通贷款的关节，出席他岳父的寿宴。或许人家帮我的多，或许我帮人家的多，但只要相互诚实，谁吃亏谁占便宜就无所谓，我们就是长朋友，久朋友。一类是精神交流型。具体事都干不来，只有一张八哥嘴，或是我慕他才，或是他慕我才，在一块谈文道艺，吃茶聊天。在相当长的时间里，我把我的朋友看得非常重要，为此冷落了我的亲戚，甚至我的父母和妻子儿女。可我渐渐发现，一个人活着其实仅仅是一个人的事，生活关照型的朋友可能了解我身上的每一个痣，不一定了解我的心；精神交流型的朋友可能了解我的心，却又常常拂我的意。快乐来了，最快乐的是自己。苦难来了，最苦难的也是自己。

然而我还是交朋友，朋友多多益善，孤独的灵魂在空荡的天空中游弋，但人之所以是人，有灵魂同时有身躯的皮囊，要生活就不能没有朋友，因为出了门，门外的路泥泞，树丛和墙根又有狗吠。

西班牙有个毕加索，一生才大名大，朋友是很多的，有许多朋友似乎天生就是来扶助他的，但他经常换女人也换朋友。这样的人我们效法不来，而他说过一句话：朋友是走了的好。我对于曾经是我朋友后断交或疏远的那些人，时常想起来寒心，也时常想到他们的好处。如今倒坦然多了，因为当时寒心，是把朋友看成了自己和自己的家人，殊不知朋友毕竟是朋友，朋友是春天的花，冬天就都没有了，朋友不一定是知己，知己不一定是朋友，知己也不一定总是人，他既然吃我，耗我，毁我，那又算得了什么呢，皇帝能养一国之众，我能给几个人好处呢？这么想想，就想到他们的好处了。

今天上午，我又结识了一个新朋友，他向我诉苦说他的老婆工作在城郊外县，家人十多年不能团聚，让我写几幅字，他去贡献给人事部门的掌权人。我立即写了，他留下一罐清茶一条特级烟。待他一走，我就拨电话邀三四位旧的朋友来有福同享。这时候，我的朋友正骑了车子向我这儿赶来，我等待着他们，却小小私心勃动，先自己沏一杯喝起，燃一支吸起，便忽然体会了真朋友是无言的牺牲，如这茶这烟，于是站在门口迎接喧哗到来的朋友而仰天呵呵大笑了。

（选自《朋友》，重庆出版社2005年版）

学习活动

一、认一认

给下面加点的字注音。

护佑（　　）　周济（　　）　痣（　　）痦　游弋（　　）　狗吠（　　）

二、想一想

1. 这篇文章的语言风格有什么特色？

2. 对于朋友的种类，贾平凹在文中是怎么划分的？谈谈自己的理解。

3. 与严格意义“朋友”的定义相比，贾平凹的朋友的概念有什么独特内涵？找出文中相关语句细细品味。

三、说一说

古人说“人生得一知己足矣”，说的就是知音的难遇与可贵。古今中外有许多关于知己朋友的故事，请举一两个例子。

四、听一听

1. 聆听周华健的《朋友》，体味朋友间的深情。

2. 聆听臧天朔的《朋友》，重拾朋友间的那份美好回忆。

五、读一读

感 谢

汪国真

让我怎样感谢你
当我走向你的时候
我原想收获一缕春风
你却给了我整个春天

让我怎样感谢你
当我走向你的时候
我原想捧起一簇浪花
你却给了我整个海洋

让我怎样感谢你
当我走向你的时候
我原想撷取一枚红叶
你却给了我整个枫林

让我怎样感谢你
当我走向你的时候
我原想亲吻一朵雪花
你却给了我银色的世界

（选自《汪国真经典诗文》，中国画报出版社2010年版）

六、写一写

叙写你的一个或两个朋友，篇幅在600字左右，题目自拟。

论友谊 ［英］培 根

小试牛刀

请对下列不同朋友关系的称谓作出解释。

1. （ ）叫“贫贱之交”。
2. （ ）叫“金兰之交”。
3. （ ）叫“刎颈之交”。
4. （ ）叫“患难之交”。
5. （ ）叫“莫逆之交”。
6. （ ）叫“竹马之交”。
7. （ ）叫“布衣之交”。
8. （ ）叫“忘年之交”。
9. （ ）叫“忘形之交”。
10. （ ）叫“车笠之交”。
11. （ ）叫“君子之交”。
12. （ ）叫“神交”。

开心一刻

关于谐音的笑话

新上任的知县是山东人，因为要挂帐子，他对师爷说：“你给我去买两根竹竿来。”

师爷把山东腔的“竹竿”听成了“猪肝”，连忙答应着，急急地跑到肉店去，对店主说：“新来的县太爷要买两个猪肝，你是明白人，心里该有数吧！”

店主是个聪明人，一听就懂了，马上割了两个猪肝，另外奉送了一副猪耳朵。

离开肉铺后，师爷心想："老爷叫我买的是猪肝，这猪耳朵当然是我的了……"于是便将猪耳包好，塞进口袋里。回到县衙，向知县禀道："回禀太爷，猪肝买来了！"

知县见师爷买回的是猪肝，生气道："你的耳朵哪里去了！"师爷一听，吓得面如土色，慌忙答道："耳……耳朵……在此……在我……我的口袋里！"

在这个故事中，因为谐音而闹了笑话。那么，你身边有没有发生过类似的笑话，请讲给大家听一听。

选文

古人曾说："喜欢孤独的人不是野兽便是神灵。"没有比这句话更是把真理与谬误混合于一起的了。如果说，当一个人脱离了社会，甘愿遁入山林与野兽为侣，那么他绝不可能成为神灵的。尽管有人这样做的目的，好像是要到社会之外去寻求一种更高尚的生活，就像古代的埃辟门笛斯①、诺曼②、埃辟克拉斯③、阿波罗尼斯④那样。

有些人之所以宁愿孤独，是因为在没有友谊和仁爱的人群中生活，那种苦闷正犹如一句古代拉丁谚语所说的："一座城市如同一片旷野。"人们的面目淡如一张图案，人们的语言则不过是一片噪音，使得人们宁可逃避也不愿进入了。

由此可以看出，人与人的友情对人生是何等重要。得不到友谊的人将是终身可怜的孤独者。没有友情的社会则是一片繁华的沙漠。因此那种乐于孤独的人，其性格不是属于人而是属于兽的。

当你遭遇挫折而感到愤闷抑郁的时候，向知心挚友的一席倾诉可以使你得到疏导。否则这种积郁会使人致病。医学告诉我们，"沙沙帕拉"可以理通肝气，磁铁粉可以理通脾气，硫磺粉可以理通肺气，海狸胶可以治疗头昏。然而除了一个知心挚友以外，却没有任何一种药物是可以舒通心灵之郁闷的。只有对于朋友，你才可以尽情倾诉你的忧愁与欢乐，恐惧与希望，猜疑与劝慰。总之，那沉重地压在你心头的一切，通过友谊的肩头而被分担了。

正因为如此，甚至连许多高高在上的君王也不能没有友谊。以至许多人竟宁愿降低自己的身份去追求它。

本来君王是不能享受友谊的。因为友谊的基础条件是平等，而君王与臣民的地位却太悬殊了。于是许多君王便不得不把他所宠爱擢升⑤为"宠臣"或"近侍"，以便能与他们亲近。罗马人称这种人为“君王的分忧者”。这种称呼恰如其分地道出了他们的作用。实际上,不仅那些性格脆弱敏感的君王曾这样做,就连许多性格坚毅、智勇过人的君王,也不能不在他的臣属中选择朋友。而为了结成这种关系,他们是需要尽量地忘记自己原来的高贵身份的。

罗马的大独裁者苏拉[6]曾与庞培结交。以至为此有一次竟容忍了庞培言语上的冒犯。庞培曾当面夸自己说:“崇拜朝阳的人自然多于崇拜落日的人。”伟大的恺撒[7]大帝也曾经与布鲁图斯结为密友,并把他立为继承人之一,结果这人恰好成为诱使恺撒堕入圈套而被谋杀的人。难怪安东尼后来把布鲁图斯称为“恶魔”,仿佛他诱惑恺撒的魅力是来自一种妖术似的……

毕达哥拉斯[8]曾说过一句神秘的格言——“不要损伤自己的心”。确实,如果一个人有心事却无法向朋友诉说,那么他必然会成为损伤自己心的人。实际上,友谊的一大奇特作用是:如果你把快乐告诉一个朋友,你将得到两个快乐;而你把忧愁向一个朋友倾诉,你将被分掉一半忧愁。所以友谊对于人生,真像炼金术士所要寻找的那种“点金石”[9]。它能使黄金加倍,又能使黑铁成金。实际上,这也是一种很自然的规律。在自然界中,物质通过结合可以得到增强。而人与人难道不也是如此吗?

如果以上所说已证明友谊能够调剂人的感情的语,那么友谊的又一种作用不但能使人走出暴风骤雨的感情世界而进入和风细雨的春天,而且能使人摆脱黑暗混乱的胡思乱想而走入光明与理性的思考。这不仅是因为一个朋友能够给你提出忠告,而且任何一种平心静气的讨论都能把搅扰着你心头的一团乱麻,整理得井然有序。当人把一种设想用语言表达的时候,他也就渐渐地看到了它们可能招来的后果。有人曾对波斯王说:“思想是卷着的绣毯,语言则是张开的绣毯。”所以有时与朋友作一小时的促膝交谈可以比一整天的沉思默想更能令人聪明。

其实即使没有一个能对你提出忠告的朋友,人也可以通过语言的交流而增长见识。讨论犹如砺石,思想好比锋刃。两者砥砺[10]将使思想更加锐利。对一个人来说,与其把一种想法紧锁在心头,倒不如哪怕把它倾吐给一座雕像,也是多少有点益处的。赫拉克利特[11]曾说过:“初始之光最亮。”但实际上,一个人自身所发生的理智之光,是往往受到感情、习惯、偏见的影响而不那么明亮。俗语说:“人总是把最大的奉承留给自己”,而友人的逆耳忠言恰好可以治疗这个毛病。朋友之间可以从两个方面提出忠告,一是关于品行的,一是关于事业的。

就前者而言,朋友的良言劝诫是一味最好的药。历史上的许多伟人,往往由于在紧要关头听不到朋友的忠告，而做出后悔莫及的错事。人尽管也可以规诫自己，但毕竟如圣雅各所说："虽然照过镜子，可终究是忘了原形。"

就事业而言，有些人认为两双眼睛看到的未必比一双眼睛见到的更多，或者以为一个发怒的人未必没有一个沉默的人聪明，或者以为毛瑟枪不论托在自己的肩上放，还是支在一个支架放会打得一样准——总之，认为有没有别人的帮助结果都一样。但这话其实是十分骄傲而愚蠢的说法。在听取意见的时候，有人喜欢一会儿问问这个人，一会儿又问问那个人。这当然比不问任何人好。但也要注意，这种零敲碎打来的意见可能是一些不负责任的看法。因为最好的忠告只能来自诚实而公正的友人。另外这些不同源泉的意见还可能会互相矛盾，使人莫衷一是，不知所从。比如人有病求医，这位医生虽会治这种病却不了解你的身体情况，结果服了他的药这种病虽然好了，却又使人得了另一种新病。所以最可靠的忠告，也还是只能来自最了解你事业情况的友人。

友谊对于人除了以上所说这些益处以外，还有许多其他方面的益处，多得如同石榴上的果仁，难以一一细数。如果一定要说的话，那么只能这样来说：只要想想一个人人生中有多少事务不能靠自己去做，就可以知道友谊有多少种益处了。所以古人说：朋友是人的第二个"我"。但这句话的容量其实还不够，因为朋友的作用比这又一个"我"要大得多！

人生是有限的。有多少事情你来不及做完就死去了。但一位知心的挚友，却能承担你所未做完的事。因此一个好朋友实际上使你获得又一次生命。人生中又有许多事，是一个人由自己出面所不便去办的。比如你为了避免自夸之嫌，因此很难由自己讲述自己的功绩。你的自尊心又使你在许多情况下无法低首下心去恳求别人。但是如果有一个好朋友，这些事就都可以很妥当地办到。又比如在儿子面前，你要保持父亲的身份。在妻子面前，你要考虑作为男子汉的脸面。在仇敌面前，你要维护自己的尊严。但一个作为第三者的朋友，就可以全然不计较这一切，而就事论事，实事求是地替你出面中持公道。

由此可见，友谊对人生是何等重要。它的好处简直是无穷无尽的。总而言之，当一个人而临危难的时候，如果他平生没有任何可信托的朋友，那么我只能告诉他一句话——那就自认倒霉好了！

（选自《培根随笔选》，上海人民出版社 1985 年版）

注 释

①埃辟门笛斯:古希腊哲学家,曾隐居山洞中57年。

②诺曼:古罗马君王,曾隐居山中。

③埃辟克拉斯:古罗马哲学家。

④阿波罗尼斯:古罗马哲人。

⑤擢(zhuó)升:提升,提拔。

⑥苏拉:古罗马统帅、独裁者,庞培是苏拉的部下。

⑦恺撒:古罗马统帅、政治家、独裁者,于公元前44年为罗马民主派政客所刺杀,刺客中有他的朋友布鲁图斯。

⑧毕达哥拉斯:公元前6世纪古希腊著名数学家、唯心主义哲学家。

⑨点金石:传说中的一种宝石,可以化铁为金。

⑩砥砺(dǐ lì):磨炼。

⑪赫拉克利特:公元前6世纪古希腊唯物主义哲学家。

学习活动

一、填一填

弗兰西斯·培根(1561—1626),英国文艺复兴时期杰出的散文家、哲学家。

培根的随笔是英国散文随笔的滥觞之作,在英国文学史甚至思想史上占有重要的一席之地,内容涉及哲学、伦理、处世之道等,有一种高屋建瓴、充满哲理的大气。(《　　　　》)是他的著名的随笔集。培根的(《　　　　》)与蒙田的(《　　　　》)、帕斯卡尔的(《　　　　》)一起,被人们誉为欧洲近代哲理散文三大经典。

二、想一想

1. 本文的中心论点是什么?

2. 本文的论证思路是什么?

3.“没有友情的社会则只是一片繁华的沙漠”一句中,“繁华的沙漠”的含义是什么?

4. 作者是从哪些方面来论述友谊的,友谊对人有什么作用?

三、说一说

遇到困难时,你的朋友会采用哪种方式来帮助你?

四、写一写

培根的随笔语言,有“简约体”和“格言体”两种风格。请同学们从《论友谊》找出简约而富有哲理的名言警句,写在摘抄笔记上。

五、读一读

课外阅读培根的随笔集《培根论人生》,相信书中的名言警句有助于同学们提高对社会的认识和对人生的理解。

第四单元 Chapter FOUR

民俗民情

中华民族拥有五千多年的发展历史，在其文明进程中，衍生出了具有民族特色的民俗与民情。

民俗，是依附于民众的生活、习惯、情感与信仰而产生的文化。民俗反映着民情，体现了民众的信仰、价值观、审美观等等。

中华文化是水，民俗民情便是鱼，鱼与水的交融，使中华文化愈加丰富，使民俗民情更具魅力。青年人应该是中华文化的传承者和继承者，了解民俗民情，有助于增强我们的民族意识。

当下，春节、清明、端午、中秋等节日习俗，仍在民间广泛沿袭。五十六个民族的习俗民情，更是丰富而多彩。随着社会的发展，生活水平的提高，尤其是对外交往的日益深入，外国民俗也日益被更多的人所接受。文人墨客，更是借民俗去反映那个特定时代的民情，抒发自己的情感，表达自己的独特感受。

同学们，让我们在本单元的篇目中，重温里面的民俗民情，体验一下中国文化的博大与精深吧！

晋祠 | 梁衡

小试牛刀

君子如玉

玉圭是中国古代帝王或诸侯在举行典礼时拿的一种玉器，上圆（或剑头形）下方。在中国，玉是一种很神奇的矿石。《诗经·秦风·小戎》说："言念君子，温其如玉。"孔子说玉"温润如泽，仁也"，管仲说玉"鲜而不垢，洁也"。流传千古的名言"宁为玉碎，不为瓦全"，更是把玉的完美与人格尊严联系在一起。古人给美玉赋予了那么多人性的品格，以至于到现在人们仍将谦谦君子喻为"温润如玉"。从古至今，有许多关于"玉"的别称和关于玉的成语，看看你能想起哪些？

1. 玉的别称：
2. 跟玉有关的成语：

开心一刻

复生槐

在晋祠南面奉圣寺附近，有巨槐一株，干老枝嫩，苍郁古朴，独具一格。据传，原来这株槐树历史久远，早已干枯，也不知过了多少年，到清代乾隆二十一年（公元1756年）农历三月廿一日，奉圣寺内庙会，人来人往熙攘非凡。恰好，有一个老道士在枯槐下叫卖，出售膏药。口里喊着："膏药灵应，能治百病，有福来买，无福不信。"叫卖半晌，没人买他的药。这位老道继续叫卖："如此仙药，来购无人，凡人无福，枯槐宜生。"说罢，他将膏药贴于枯槐身上，拂袖扬长而去。说来真巧，不到一个月，这株枯槐，死而复生。生枝展芽，甚为茂盛。人们见状，都惊呼这株枯槐叫复生槐。

实际上，俗话说得好："千年柏、万年松，老槐一睡几百春。"这株枯槐复生，大约是多年长睡而碰巧苏醒的缘故。

像复生槐这样有趣的植物传说，大家还能说出哪些？

◎ 选文 

出太原西南行五十里，有一座山名悬瓮。山上原有巨石，如瓮倒悬。山脚有泉水涌出，就是有名的晋水。在这山下水旁，参天古木中林立着百余座殿、堂、楼、阁，亭、台、桥、榭。绿水碧波绕回廊而鸣奏，红墙黄瓦随树影而闪烁，悠久的历史文物与优美的自然风景，浑然一体，这就是古晋名胜晋祠。

西周时，年幼的成王姬诵即位，一日与其弟姬虞在院中玩耍，随手拾起一片落地的桐叶，剪成玉圭①形，说："把这个圭给你，封你为唐国诸侯。"天子无戏言，于是其弟长大后便来到当时的唐国，即现在的山西做了诸侯。《史记》称此为"剪桐封弟"。姬虞后来兴修水利，唐国人民安居乐业。后其子继位，因境内有晋水，便改唐国为晋国。人们缅怀姬虞的功绩，便在这悬瓮山下修一所祠堂来祀奉他，后人称为晋祠。

晋祠之美，在山美、树美、水美。

这里的山，巍巍的如一道屏障，长长的又如伸开的两臂，将这处秀丽的古迹拥在怀中。春日黄花满山，径幽而香远；秋来草木郁郁，天高而水清。无论何时拾级登山，探古洞，访亭阁，都情悦神爽。古祠设在这绵绵的苍山中，恰如淑女半遮琵琶，娇羞迷人。

这里的树，以古老苍劲②见长。有两棵老树，一曰周柏，一曰唐槐。那周柏，树干劲直，树皮皱裂，冠顶挑着几根青青的疏枝，偃卧③于石阶旁，宛如老者说古；那唐槐，腰粗三围，苍枝屈虬④，老干上却发出一簇簇柔条，绿叶如盖，微风拂动，一派鹤发童颜的仙人风度。其余水边殿外的松、柏、槐、柳，无不显出沧桑几经的风骨，人游其间，总有一种缅古思昔的肃然之情。也有造型奇特的，如圣母殿前的左扭柏，拔地而起，直冲云霄，它的树皮却一齐向左边拧去，一圈一圈，丝纹不乱，像地下旋起了一股烟，又似天上垂下了一根绳。其余有的偃如老妪负水，有的挺如壮士托天，不一而足。祠在古木的荫护下，显得分外幽静、典雅。

这里的水，多、清、静、柔。在园内信步，那里一泓⑤深潭，这里一条小渠。桥下有河，亭中有井，路边有溪，石间有细流脉脉，如线如缕；林中有碧波闪闪，如锦如缎。这么多的水，又不知是从哪里冒出的，叮叮咚咚，只闻佩环齐鸣，却找不到一处泉眼，原来不是藏在殿下，就是隐于亭后。更可爱的是水清得让人叫绝。无论多深的渠、潭、井，只要光线好，游鱼、碎石，丝纹可见。而水势又不大，清清的波，将长长的草蔓拉成一缕缕的丝，铺在河底，挂在岸边，合着那些金鱼、青苔、玉栏倒影，织成了一条条的大飘带，穿亭绕榭，冉冉不绝。当年李白至此，曾赞叹道："晋祠流水如碧玉，百尺清潭泻翠娥。"[⑥]你沿着水去赏那亭台楼阁，时常会发出这样的自问：怕这几百间建筑都是在水上漂着的吧！

然而，最美的还是祖先留给我们的文化遗产。这里保存着我国古建筑的"三绝"。

一是圣母殿。这是全祠的主殿，是为虞侯的母亲邑姜[⑦]所修的。建于宋天圣年间，重修于宋崇宁元年(1102 年)，距今已有八百八十年。殿外有一周围廊，是我国古建筑中现在能找到的最早实例。殿内宽七间、深六间，极宽敞，却无一根柱子。原来屋架全靠墙外回廊上的木柱支撑。廊柱略向内倾，四角高挑，形成飞檐。屋顶黄绿琉璃瓦相扣，远看飞阁流丹，气势雄伟。殿堂内宋代泥塑的圣母及四十二尊侍女，是我国现存宋塑中的珍品。她们或梳妆、洒扫，或奏乐、歌舞，形态各异。人物形体丰满俊俏，面貌清秀圆润，眼神专注，衣纹流畅，匠心之巧，绝非一般。

二是殿前柱上的木雕盘龙。这是我国现存最早的盘龙殿柱。雕于宋元祐二年(1087 年)。八条龙各抱定一根大柱，怒目利爪，周身风从云生，一派生气。距今虽近千年，仍鳞片层层，须髯[⑧]根根，不能不叫人叹服木质之好与工艺之精。

三是殿前的鱼沼[⑨]飞梁。这是一个方形的荷花鱼沼，却在沼上架了一个十字形的飞梁，下由三十四根八角形的石柱支撑，桥面东西宽阔，南北翼如。桥边栏杆、望柱都形制奇特，人行桥上，随意左右，如泛舟水面，再加上鱼跃清波，荷红映日，真乐而忘归。这种突破一字桥形的十字飞梁，在我国现存的古建筑中是仅有的一例。

以圣母殿为主的建筑群还包括献殿、牌坊、钟鼓楼、金人台、水镜台等，都造型古朴优美，用工精巧。全祠除这组建筑之外，还有朝阳洞、三台阁、关帝庙、文昌宫、胜瀛楼、景清门等，都依山傍水，因势砌屋，或架于碧波之上，或藏于浓荫之中，揉造化与人工一体。就是园中的许多小品，也极具匠心。比如这假山上本有一挂细泉垂下，而山下却立了一个汉白玉的石雕小和尚，光光的脑门，笑眯眯的眼神，双手齐肩，托着一个石碗，那水正注在碗中，又溅到脚下的潭里，却总不能满碗。和尚就这样，一天一天，傻呵呵地站着。还有清清的小溪旁，突然跑来一只石雕大虎，两只前爪抓着水边的石块，引颈探腰，嘴唇刚好埋入水面，那气势好像要一吸百川。你顺着山脚，傍着水滨去寻吧。真让你访不胜访，虽几游而不能尽兴。历代文人墨客都看中了这个好地方，至今山径石壁、廊前石碑上，还留着不少名人题咏。有些词工句丽，书法精湛，更为湖光山色平添了许多风韵。

这晋祠从周唐叔虞到任立国后自然又演过许多典故。当年李世民就从这里起兵反隋，得了天下。宋太宗赵光义，曾于太平兴国四年(979 年)在这里消灭了北汉政权，从而结束了中国历史上五代十国的分裂局面。一九五九年陈毅同志游晋祠时兴叹道："周柏唐槐宋献殿，金元明清题咏遍。世民立碑颂统一，光义于此灭北汉。"

晋祠就是这样，以她优美的身躯来护着这些珍贵的历史文化。她，真不愧为我国锦绣河山中一颗璀璨[⑩]的明珠。

（选自《梁衡经典散文》，山东文艺出版社 2014 年版）

注　释

①玉圭(guī)：古玉器名。古代帝王、诸侯朝聘、祭祀、丧葬时所用的玉制礼器。长条形，上尖下方，也作"珪"。

②苍劲(jìng)：指树木苍老挺拔。也可以指诗文、字画、歌声等苍凉有力。

③偃(yǎn)卧：仰卧，睡卧。偃，仰面倒下，放倒。

④虬(qiú)：虬是古代汉族传说中有角的小龙。这里是树木盘绕弯曲之意。

⑤泓(hóng)：量词，指清水一道或一片。

⑥"晋祠……翠娥"一句：诗句出自李白的《忆旧游寄谯郡元参军》。

⑦邑姜：生卒年不详，姜姓，齐太公吕尚之女，周武王姬发的王后，周成王姬诵、唐叔虞的母亲。

⑧须髯(rán)：胡须。

⑨沼(zhǎo)：池子。

⑩璀璨(cuǐ càn)：形容光彩夺目，非常绚丽。

学习活动

一、填一填

梁衡，1946 年出生，现任人民日报副总编辑，中国人民大学新闻学院博士生导师，中国作家协会全委会委员，中国记者协会全委会常务理事，人教版中小学教材总顾问。

有《晋祠》《(　　　　　　　　),一千七百年的沉思》《跨越(　　　　　　　　)》《把(　　　　　　　　)拍遍》等多篇散文入选各级课本。

二、想一想

1. 文章2—5段和6—11段能不能互换位置?为什么?

2.“左扭柏”和“周柏”各自侧重说明了晋祠古树哪方面特点?

3. 请用文中的一句话概括晋祠的特点。

三、说一说

尝试介绍一处自己曾经游览过的风景名胜或者文物古迹。

四、写一写

请用100字左右缩写本文。

五、读一读

1. 课外阅读《难老泉》,这也是一篇写晋祠风物的文章,与《晋祠》着眼点有什么区别?

2.《难老泉》中“柳氏坐瓮”的故事,和山东淄博流传的“颜文姜”的故事非常相似。利用网络,比较一下两个传说,你觉得谁是“正版”?

难老泉

吴伯箫

当铺,钱号,窄轨道,已经随着土皇帝的覆灭最后湮没了;煤炭,汾酒,老醋,却在人民的生活里广泛散发着热力和芳香。山西是个宝地,太行山、吕梁山像两只巨大的膀臂从东西两面环抱着它;黄河、汾河像两条鲜血流注的动脉滋润着它。谷物和矿藏显示着大地的富饶,抗日战争的业绩歌颂着人民的英勇。这里的高山、密林,城镇、村落,哪里没写过可歌可泣的故事呢?二十几年前在游击队里跟这个地区建立起来的血肉感情,现在依然是炽热的。像回故乡一样,带着浓挚的怀想我们踏进了山西。

山西的省会太原,是一座古老的美丽的城市。滚滚的汾河从城西流过。东有东山,西有西山,北有卧虎,南有鸡笼,太原正好坐落在一个肥沃的盆地里。城里一片黑瓦房，密密匝匝，处处是高墙深巷，几进的庭院。不过比起解放后的新建设来，旧城显得太局促了。在宏伟的建设规模里，旧城只能算一个小小的角落。新建设中，不说别的，只城外一条宽阔的迎泽路，两旁就都是四层五层的高楼。迎泽路向西延伸，横跨汾河是一座十八个桥墩的迎泽桥，桥又宽又平，一直伸到西山脚下。这里矗立着多少厂矿的烟囱，浓烟弥漫，告诉人新兴的工业是多么发达；街街巷巷熙来攘往的人群，有说有笑，呈现着一种繁荣的景象，欢乐的气氛。

过迎泽桥向南，沿西山山麓走五十里，是晋祠。在晋祠，我们访问了“难老泉”。

“难老泉”，听听名字就给人一种年轻的感觉。不必看见，就仿佛已经看见了。那喷涌的水源，那长流的碧波，永远是活泼泼的，青春常在的。在《滕王阁序》里王勃慨叹说，“冯唐易老，李广难封”，比较起来，这难老泉实在值得叫人赞赏羡慕。

泉，论历史，实际倒是很老的。从地质考察，据说有两万万年或者三万万年呢。据文字记载，“难老泉”是晋水的主要源头，古时候的晋国因晋水得名。晋国若是从“桐叶封弟”说起，到现在也该有三千多年了吧。“桐叶封弟”的故事，历史传说是这样的：

西周初年，武王姬发死后，他的大儿子姬诵还很小，就由周公姬旦扶助做了国君，就是成王。有一天，姬诵和弟弟叔虞在一块儿玩，他把一个桐叶剪成圭形，送给叔虞说：“我拿这封你吧。”叔虞把这件事告诉了周公，周公就问姬诵：“你要封叔虞吗？”姬诵说：“我是跟弟弟说着玩的。”周公说：“天子无戏言。”于是姬诵就把叔虞封为唐的诸侯。叔虞到了唐，发挥了自己的智慧和才能，领导人民改良农田，兴修水利，发展农业，使人民生活逐渐安定富裕，就成为唐人爱戴的封建领主。

叔虞死后，他的儿子燮，因为境内有晋水，就改国号为“晋”。山西简称晋省，就是从这里来的。后人为了纪念叔虞，在晋水源头建立了一座庙祀奉他，这就是“晋祠”。

晋祠坐西向东，前临曲沼，后拥危峰，水秀山明，风景是很幽美的。郦道元的《水经注》记载：“沼西际山枕水，有唐叔虞祠。”看来晋祠在北魏以前就有了。当初也许规模并不很大，经过北齐高欢父子在这里起楼阁、筑池馆；唐太宗李世民亲自写了《晋祠之铭并序》碑；宋仁宗赵祯又在晋祠西端为叔虞的母亲邑姜修了宏伟壮丽的圣母殿，一代一代重修增建，现在已经成了一组祠庙建筑群。里边殿堂楼阁，亭台桥访，足有三百多项名胜古迹。像“鱼沼飞架”“莲池映月”“双桥挂雪”，每一种景物都各具形势，各有特色，引人入胜。其中“晋祠三绝”，更深深吸引着游人的欣赏和流连。

“晋祠三绝”，一绝是“宋塑侍女”。在圣母殿里围绕着邑姜凤冠霞帔的坐像，有四十四尊侍女塑像，据说是宋朝的作品。塑像塑得精致、细腻，一个个都像活的。虽然身体的丰满俊美，脸形的清秀圆润，神态的婉约自然，都有共同的地方，但是四十四尊四十四个样子。有的像在沉思，有的像在凝视，有的像在缓歌徐吟，有的像在低声细语，还有的微笑，有的轻颦……衣裳，服饰，颜色，一切都那样逼真。走近去，你仿佛会听见她们说笑的声音，会感觉出她们呼吸的温馨。

二绝是“古柏齐年”。传说西周初年这里栽有两株柏树，因为同样古老，所以叫“齐年柏”。可惜有一株在清朝道光年间被砍伐了。剩下的一株，横卧如虬龙斜倚在擎天柏上，披覆在圣母殿左侧。另有一株“长龄柏”，传说是东周时候栽的。

三绝就是“难老泉”。

“难老泉”的来历，有一个美丽动人的故事：

传说在晋祠北边二十里地的金胜村，有一个姓柳的姑娘，嫁给了晋祠所在地的古唐村。她婆婆虐待她，一直不让她回娘家，每天都叫她担水。水源离家很远，一天只能担一趟。婆婆又有一种脾气，只喝身前一桶的水，故意增加担水的困难，不许换肩，折磨她。有一天，柳氏担水走到半路上，遇到一个牵马的老人，要用她担的水饮马。老人满脸风尘，看样子是远路来的，柳氏就毫不迟疑地答应了，把后一桶水送给了马。可是马仿佛渴极了，喝完后一桶水连前一桶水也喝了。这使柳氏很为难：再担一趟吧，看看天色将晚，往返已经来不及了；不担吧，挑着空桶回家，一定要挨婆婆的辱骂、鞭挞。正在踌躇的时候，老人就给了柳氏一根马鞭，叫她带回家去，只要把马鞭在瓮里抽一下，水就会自然涌出，涨得满瓮。转眼老人和马都不见了。

柳氏提心吊胆地回家，试试办法，果然应验。以后她就再也不担水了。婆婆见柳氏很久不担水，可是瓮里却总是满的，很奇怪。叫小姑去看，发现了抽鞭的秘密。又有一天，婆婆破天荒允许柳氏回娘家，小姑拿马鞭在瓮里乱抽一阵，水就汹涌喷出，溢流不止。小姑慌了，立刻跑到金胜村找柳氏。柳氏正梳头，没等梳完，就急忙把一绺头发往嘴里一咬，一气跑回古唐村，什么话没说，一下就坐在瓮上。从此，水从柳氏身下源源不断地流出，流了千年万年，这就是“难老泉”。

这故事的题目叫作《饮马抽鞭，柳氏坐瓮》。晋祠背后的山叫悬瓮山，《山海经》里说：“悬瓮之山，晋水出焉。”这大概就是“柳氏坐瓮”的根源。泉水从一丈深的石岩里涌出来，真有点像从瓮里涌出的样子。水的流量不小，一秒钟一点八吨。流水永远不停，雨涝不增，天旱不减。水微温。通常是摄氏十八度。泉水澄清碧绿，像泻玉泼翠一样。李白游晋祠曾题诗说：“晋祠流水如碧玉，百尺清潭泻翠娥。”可以想见它的美丽。这道泉水,和“鱼沼泉”“善利泉”,汇成普水南北两渠。除了供应居民食用,可以灌溉三万亩农田,开动一百盘水磨。范仲淹游晋祠曾赞美说:“千家灌禾稻,满目江南田。”

从“难老泉”向前走几步,有水潭叫“不系舟”。水潭四周用汉白玉低栏围成船的样子,因此得名。潭水冬温夏凉,寒天水汽蒸腾,像云雾一样。水面有浮萍,潭底有水草,都冬夏常青。长长的水草随着流水波动,像风吹麦浪,荡漾起伏。有人题诗说:“涓涓难老泉,分流晋祠侧,中有长生萍,冬夏常一色。”水潭中间是“中流砥柱”,也有一个令人惊心动魄的传说:

几百年前,这里南北两渠的农民,由于地主、土豪的挑拨,经常为争水互斗。天越旱,斗得越厉害。后来官府设下毒计,说要“调解”纠纷,就在潭边支一口滚沸的油锅,锅里放十枚铜钱,说:哪方有人能当众从锅里取出几枚铜钱,以后就分几分水量,判定之后,永免争执。这时候,从北渠的人群里,走出了一个青年,他勇敢地伸手从油锅里取出了七枚铜钱,于是北渠的农民就永远得七分水量。可是那青年受烫伤过重,当场死去了!

青年姓张,是晋祠山边花塔村人,人们称他为张郎。北渠的群众为了纪念他,就把他的尸骨埋在了“中流砥柱”下面。为了分水,在砥柱东面筑了一道石堤,在堤腰凿了十孔圆洞,南三北七。在东堤又筑了一道人字堰,作为南北两渠的分水岭,以免出堤后水流混合。

现在,不管南渠北渠,人民是一家。地成大块,水也统一调度。一边支应新建的热电厂用水,一边浇灌一千顷稻田。

一手是工,一手是农,晋水的无限潜力得到充分发挥了。这里边有更多的人用水力再创造的力量。

一九五六年初秋,我们一天经历了三十个世纪,欣赏了晋祠那样丰富的文物古迹。当我们出“对越坊”,沿“智伯渠”往回走的时候,回头看参天古木掩映下的楼台殿阁,看一抹果树林株株都满挂着累累的果实。右边十里稻花,左边烟囱入云,实在是兴奋。

但是最难忘的还是“难老泉”。

到现在五个年头过去了,“永锡难老”,记忆还是新的。

1961 年 11 月 20 日

(选自《吴伯箫散文选集》,百花文艺出版社 2009 年版)

胡同文化

汪曾祺

小试牛刀

阅读下面的诗句,猜猜中国传统节日。

1. 去年元月时,花市灯如昼。(欧阳修)(　　　　　)
2. 清明时节雨纷纷,路上行人欲断魂。(杜牧)(　　　　　)
3. 天阶夜色凉如水,坐看牛郎织女星。(杜牧)(　　　　　)
4. 爆竹声中一岁除,春风送暖入屠苏。(王安石)(　　　　　)
5. 但愿人长久,千里共婵娟。(苏轼)(　　　　　)
6. 遥知兄弟登高处,遍插茱萸少一人。(王维)(　　　　　)
7. 春城无处不飞花,寒食东风御柳斜。(韩翃)(　　　　　)
8. 樱桃桑葚与菖蒲,更买雄黄酒一壶。(李静山)(　　　　　)
9. 邯郸驿里逢冬至,抱膝灯前影伴身。(白居易)(　　　　　)

开心一刻

吆　喝

老北京面馆最大的特色就是吆喝。

那天,冯五和马六去吃面,坐定,点完菜,跑堂小伙子吆喝上了:“5 号桌儿,炸酱面两碗儿,小菜两盘儿。”吃饱喝足,该结账了,一共是 25 元 8 毛,冯五想,2 毛就算了,便对跑堂小伙子说:“给你 26,别找了。”

跑堂小伙子接过钱便吆喝:“5 号桌儿有客送小费 2 毛来儿。”

满大厅的人听了都回头来望他们这桌,2 毛钱也这么吆喝,冯五脸红了:“得嘞,那 2 毛你还是找我吧。”

跑堂小伙子又吆喝上了:“5 号桌儿的 2 毛小费又要回去嘞!”

在老北京，各种各样的吆喝声随处可闻，五花八门，请同学们也想想，自己家乡有什么有特色的“吆喝”？

选文

北京城像一块大豆腐，四方四正。城里有大街，有胡同。大街、胡同都是正南正北，正东正西。北京人的方位意识极强。过去拉洋车的，逢转弯处都高叫一声“东去！”“西去！”以防碰着行人。老两口睡觉，老太太嫌老头子挤着她了，说“你往南边去一点”。这是外地少有的。街道如是斜的，就特别标明是斜街，如烟袋斜街、杨梅竹斜街。大街、胡同，把北京切成一个又一个方块。这种方正不但影响了北京人的生活，也影响了北京人的思想。

胡同原是蒙古语，据说原意是水井，未知确否。胡同的取名，有各种来源。有的是计数的，如东单三条、东四十条。有的原是皇家储存物件的地方，如皮库胡同、惜薪司胡同（存放柴炭的地方），有的是这条胡同里曾住过一个有名的人物，如无量大人胡同、石老娘（老娘是接生婆）胡同。大雅宝胡同原名大哑巴胡同，大概胡同里曾住过一个哑巴。王皮胡同是因为有一个姓王的皮匠。王广福胡同原名王寡妇胡同。有的是某种行业集中的地方。手帕胡同大概是卖手帕的，羊肉胡同当初想必是卖羊肉的。有的胡同是像其形状的。高义伯胡同原名狗尾巴胡同。小羊宜宾胡同原名羊尾巴胡同。大概是因为这两条胡同的样子有点像羊尾巴、狗尾巴。有些胡同则不知道何所取义，如大绿纱帽胡同。

胡同有的很宽阔，如东总布胡同、铁狮子胡同。这些胡同两边大都是“宅门”，到现在房屋都还挺整齐。有些胡同很小，如耳朵眼胡同。北京到底有多少胡同？北京人说：有名的胡同三千六，没名的胡同数不清。通常提起“胡同”，多指的是小胡同。

胡同是贯通大街的网络。它距离闹市很近，打个酱油，约[①]二斤鸡蛋什么的，很方便，但又似很远。这里没有车水马龙，总是安安静静的。偶尔有剃头挑子的“唤头”（像一个大镊子，用铁棒从当中擦过，便发出噌的一声）、磨剪子磨刀的“惊闺”（十几个铁片穿成一串，摇动作声）、算命的盲人（现在早没有了）吹的短笛的声音。这些声音不但不显得喧闹，倒显得胡同里更加安静了。

胡同和四合院是一体。胡同两边是若干四合院连接起来的。胡同、四合院，是北京市民的居住方式，也是北京市民的文化形态。我们通常说北京的市民文化，就是指的胡同文化。胡同文化是北京文化的重要组成部分，即便不是最主要的部分。

胡同文化是一种封闭的文化。住在胡同里的居民大都安土重迁[2]，不大愿意搬家。有在一个胡同里一住住几十年的，甚至有住了几辈子的。胡同里的房屋大都很旧了，“地根儿”房子就不太好，旧房檩[3]，断砖墙。下雨天常是外面大下，屋里小下。一到下大雨，总可以听到房塌的声音，那是胡同里的房子。但是他们舍不得“挪窝儿”——“破家值万贯”。

四合院是一个盒子。北京人理想的住家是“独门独院”。北京人也很讲究“处街坊”。“远亲不如近邻”。“街坊里道”的，谁家有点事，婚丧嫁娶，都得“随”一点“份子”，道个喜或道个恼，不这样就不合“礼数”。但是平常日子，过往不多，除了有的街坊是棋友，“杀”一盘；有的是酒友，到“大酒缸”（过去山西人开的酒铺，都没有桌子，在酒缸上放一块规成圆形的厚板以代酒桌）喝两“个”（大酒缸二两一杯，叫作“一个”）；或是鸟友，不约而同，各晃着鸟笼，到天坛城根、玉渊潭去“会鸟”（会鸟是把鸟笼挂在一处，既可让鸟互相学叫，也互相比赛），此外，“各人自扫门前雪，休管他人瓦上霜”。

北京人易于满足，他们对生活的物质要求不高。有窝头，就知足了。大腌萝卜，就不错。小酱萝卜，那还有什么说的。臭豆腐滴几滴香油，可以待姑奶奶。虾米皮熬白菜，嘿！我认识一个在国子监当过差，伺候过陆润庠、王垿等祭酒的老人，他说：“哪儿也比不了北京。北京的熬白菜也比别处好吃，——五味神在北京。”五味神是什么神？我至今考查不出来。但是北京人的大白菜文化却是可以理解的。北京人每个人一辈子吃的大白菜摞起来大概有北海白塔那么高。

北京人爱瞧热闹，但是不爱管闲事。他们总是置身事外，冷眼旁观。北京是民主运动的策源地，“民国”以来，常有学生运动。北京人管学生运动叫作“闹学生”。学生示威游行，叫作“过学生”。与他们无关。

北京胡同文化的精义是“忍”，安分守己、逆来顺受。老舍《茶馆》里的王利发说“我当了一辈子的顺民”，是大部分北京市民的心态。

我的小说《八月骄阳》里写到“文化大革命”，有这样一段对话：

“还有个章法没有？我可是当了一辈子安善良民，从来奉公守法。这会儿，全乱了。我这眼面前就跟‘下黄土’似的，简直的，分不清东西南北了。”

“您多余操这份儿心。粮店还卖不卖棒子面？”

“卖！”

“还是的。有棒子面就行。……”

我们楼里有个小伙子，为一点事，打了开电梯的小姑娘一个嘴巴。我们都很生气，怎么可以打一个女孩子呢！我跟两个上了岁数的老北京（他们是“搬迁户”，原来是住在胡同里的）说，大家应该主持正义，让小伙子当众向小姑娘认错，这二位同志说：“叫他认错？门儿也没有！忍着吧！——‘穷忍着，富耐着，睡不着眯着’！”“睡不着眯着”这话实在太精彩了！睡不着，别烦躁，别起急，眯着，北京人，真有你的！

北京的胡同在衰败，没落。除了少数“宅门”还在那里挺着，大部分民居的房屋都已经很残破，有的地基柱础甚至已经下沉，只有多半截还露在地面上。有些四合院门外还保存已失原形的拴马桩、上马石，记录着失去的荣华。有打不上水来的井眼、磨圆了棱角的石头棋盘，供人凭吊[④]。西风残照，衰草离披，满目荒凉，毫无生气。

看看这些胡同的照片，不禁使人产生怀旧情绪，甚至有些伤感。但是这是无可奈何的事。在商品经济大潮的席卷之下，胡同和胡同文化总有一天会消失的。也许像西安的虾蟆陵，南京的乌衣巷，还会保留一两个名目，使人怅望低回。

再见吧，胡同。

一九九三年三月十五日（完）

（选自《草木春秋》，作家出版社2011年版）

注　释

①约（yāo）：用秤称。

②安土重（zhòng）迁：留恋故土，不肯轻易迁离。

③檩（lǐn）：架在屋架或山墙上面用来支持椽（chuán）子或屋面板的长方形构件。

④凭吊：对着遗迹、坟墓等怀念（古人或旧事）。

学习活动

一、填一填

汪曾祺（1920—1997），当代著名作家，江苏高邮人。在短篇小说创作上颇有成就，散文、戏剧方面也有建树。被誉为“抒情的人道主义者，中国最后一个纯粹的文人，中国最后一个士大夫”。

汪曾祺的作品师承沈从文。小说多写童年、故乡，写记忆里的人和事，在浑朴自然、清淡委婉中表现和谐的意趣。在小说散文化方面，开风气之先。小说代表作有《邂逅集》(《　　　　　　》)(《　　　　　　》)。散文平淡质朴，不事雕琢，代表作有(《　　　　　　》)等。

二、想一想

1. 怎样理解“胡同文化”？文中哪些字可以体现出来？

2. 下面的文字各说明了北京胡同的哪方面特点？

(1)大街、胡同都是正南正北，正东正西。

(2)东单三条　皮库胡同　石老娘胡同　小羊宜宾胡同　大雅宝(大哑巴)胡同　高义伯(狗尾巴)胡同

(3)有名的胡同三千六，没名的胡同数不清。

(4)离闹市很近……没有车水马龙，总是安安静静的。偶尔有剃头挑子的“唤头”(像一个大镊子，用铁棒众中间擦过，便发出噌的一声)、磨剪子磨刀的“惊闺”(十几个铁片穿成一串，摇动作声)、算命的盲人(现在早没有了)吹的短笛的声音。

3. 作者对胡同的渐渐消亡有着怎样的感情？

三、说一说

你了解故乡的哪些民风民俗或者民间传说？试着与同学分享。

四、比一比

你更愿意住楼房还是四合院？为什么？

五、读一读

课外阅读汪曾祺先生的作品《贴秋膘》。

贴秋膘

汪曾祺

人到夏天，没有什么胃口，饭食清淡简单，芝麻酱面(过水，抓一把黄瓜丝，浇点花椒油)；烙两张葱花饼，熬点绿豆稀粥……两三个月下来，体重大都要减少一点。秋风一起，胃口大开，想吃点好的，增加一点营养，补偿补偿夏天的损失，北方人谓之“贴秋膘”。

北京人所谓“贴秋膘”有特殊的含意，即吃烤肉。

烤肉大概源于少数民族的吃法。日本人称烤羊肉为“成吉思汗料理”（青木正《中华腌菜谱》里提到），似乎这是蒙古人的东西。但我看《元朝秘史》，并没有看到烤肉。成吉思汗当然是吃羊肉的，“秘史”里几次提到他到了一个什么地方，吃了一只“双母乳的羊羔”。羊羔而是“双母乳”（两只母羊喂奶）的，想必十分肥嫩。一顿吃一只羊羔，这食量是够可以的。但似乎只是白煮，即便是烤，也会是整只的烤，不会像北京的烤肉一样。如果是北京的烤肉，他吃起来大概也不耐烦，觉得不过瘾。我去过内蒙几次，也没有在草原上吃过烤肉。那么，这是不是蒙古料理，颇可存疑。北京卖烤肉的，都是回民馆子。“烤肉宛”原来有齐白石写的一块小匾，写得明白：“清真烤肉宛”，这块匾是写在宣纸上的，嵌在镜框里，字写得很好，后面还加了两行注脚：“诸书无烤字，应人所请自我作古。”我曾写信问过语言文字学家朱德熙，是不是古代没有“烤”字，德熙复信说古代字书上确实没有这个字。看来“烤”字是近代人造出来的字了。这是不是回民的吃法？我到过回民集中的兰州，到过新疆的乌鲁木齐、伊犁、吐鲁番，都没有见到如北京烤肉一样的烤肉。烤羊肉串是到处有的，但那是另外一种。北京的烤肉起源于何时，原是哪个民族的，已不可考。反正它已经在北京生根落户，成了北京“三烤”（烤肉，烤鸭，烤白薯）之一，是“北京吃儿”的代表作了。

北京烤肉是在“炙子”上烤的。“炙子”是一根一根铁条钉成的圆板，下面烧着大块的劈材，松木或果木。羊肉切成薄片（也有烤牛肉的，少），由堂倌在大碗里拌好佐料——酱油，香油，料酒，大量的香菜，加一点水，交给顾客，由顾客用长筷子平摊在炙子上烤。“炙子”的铁条之间有小缝，下面的柴烟火气可以从缝隙中透上来，不但整个“炙子”受火均匀，而且使烤着的肉带柴木清香；上面的汤卤肉屑又可填入缝中，增加了烤炙的焦香。过去吃烤肉都是自己烤。因为炙子颇高，只能站着烤，或一只脚踩在长凳上。大火烤着，外面的衣裳穿不住，大都脱得只穿一件衬衫。足蹬长凳，解衣磅礴，一边大口地吃肉，一边喝白酒，很有点剽悍豪霸之气。满屋子都是烤炙的肉香，这气氛就能使人增加三分胃口。平常食量，吃一斤烤肉，问题不大。吃斤半，二斤，二斤半的，有的是。自己烤，嫩一点，焦一点，可以随意。而且烤本身就是个乐趣。

北京烤肉有名的三家：烤肉季，烤肉宛，烤肉刘。烤肉宛在宣武门里，我住在国会街时，几步就到了，常去。有时懒得去等炙子（因为顾客多，炙子常不得空），就派一个孩子带个饭盒烤一饭盒，买几个烧饼，一家子一顿饭，就解决了。烤肉宛去吃过的名人很多。除了齐白石写的一块匾，还有张大千写的一块。梅兰芳题了一首诗，记得第一句是“宛家烤肉旧驰名”，字和诗当然是许姬传代笔。烤肉季在什刹海，烤肉刘在虎坊桥。

从前北京人有到野地里吃烤肉的风气。玉渊潭就是个吃烤肉的地方。一边看看野景，一边吃着烤肉，别是一番滋味。听玉渊潭附近的老住户说，过去一到秋天，老远就闻到烤肉香味。

北京现在还能吃到烤肉，但都改成由服务员代烤了端上来，那就没劲了。我没有去过。内蒙也有“贴秋膘”的说法，我在呼和浩特就听到过。不过似乎只是汉族干部或说汉语的蒙古族干部这样说。蒙语有没有这说法，不知道。呼市的干部很愿意秋天“下去”考察工作或调查材料。别人就会说：“哪里是去考察，调查，是去‘贴秋膘’去了。”呼市干部所说“贴秋膘”是说下去吃羊肉去了。但不是去吃烤肉，而是去吃手把羊肉。到了草原，少不了要吃几顿羊肉。有客人来，杀一只羊，这在牧民实在不算什么。关于手把羊肉，我曾写过一篇文章，收入《蒲桥集》，兹不重述。那篇文章漏了一句很重要的话，即羊肉要秋天才好吃，大概要到阴历九月，羊才上膘，才肥。羊上了膘，人才可以去“贴”。

（选自《人间草木》，江苏文艺出版社 2013 年版）

临安春雨初霁 | 陆 游

小试牛刀

以下是描写雨的古诗词，看看你知道多少。

1. 青箬笠，绿蓑衣，（ ）。（张志和《渔歌子》）
2. （ ），吹面不寒杨柳风。（志南和尚《绝句》）
3. （ ），客舍青青柳色新。（王维《送元二使安西》）
4. 南朝四百八十寺，（ ）。（杜牧《江南春绝句》）
5. （ ），铁马冰河入梦来。（陆游《十一月四日风雨大作》）
6. （ ），当春乃发生。（杜甫《春夜喜雨》）
7. （ ），草色遥看近却无。（韩愈《早春呈水部张十八员外》）
8. 七八个星天外，（ ）。（辛弃疾《西江月》）
9. （ ），花落知多少。（孟浩然《春晓》）
10. （ ），路上行人欲断魂。（杜牧《清明》）
11. 水光潋艳晴方好，（ ）。（苏轼《饮湖上初晴后雨》）
12. （ ），野渡无人舟自横。（韦应物《滁州西涧》）

开心一刻

三只耳朵

临安衙门有个书写员，写字老出差错。有次抄写花名册，把“陈”字耳朵偏旁写到右边，县官发现后责打他20大板。吃了苦头后，他认为凡是耳朵偏旁都应写在左边。写“郑”字时，便把耳朵偏旁写到左边去。结果又挨了20大板。

不久,有个姓聶("聂"的繁体字)的人请他写状子。他吓得连连摇手道:"不行,不行。我为了两只耳朵,统共给打了40大板;倘若给你这位三只耳朵的老兄写字,岂非要被活活打死!"

中国的汉字有象形、会意、指示、形声的分别,形声字的形旁更是表明了这个字的意义指向。请你分别举出"金""木""水""火""土"作为偏旁出现在不同位置的汉字,体会汉字造字的妙处。

选文

临安春雨初霁[①]

世味[②]年来薄似纱,谁令骑马客[③]京华[④]?
小楼一夜听春雨,深巷[⑤]明朝[⑥]卖杏花。
矮纸[⑦]斜行[⑧]闲作草[⑨],晴窗[⑩]细乳[⑪]戏分茶[⑫]。
素衣[⑬]莫起风尘叹[⑭],犹及清明可到家。

(选自《陆游集》,中华书局1976年版)

注　释

①霁(jì):雨后或雪后转晴。

②世味:人世滋味;社会人情。

③客:客居。

④京华:京城之美称。因京城是文物、人才汇集之地,故称。

⑤深巷:很长的巷道。

⑥明朝(zhāo):明日早晨。

⑦矮纸:短纸、小纸。

⑧斜行:倾斜的行列。

⑨草:指草书。

⑩晴窗:明亮的窗户。

⑪细乳:沏茶时水面呈白色的小泡沫。

⑫分茶:宋元时煎茶之法。注汤后用箸搅茶乳,使汤水波纹幻变成种种形状。

⑬素衣：原指白色的衣服，这里用作代称。是诗人对自己的谦称（类似于“素士”）。

⑭风尘叹：因风尘而叹息。暗指不必担心京城的不良风气会污染自己的品质。

学习活动

一、填一填

陆游（1125—1210），南宋诗人，汉族，字（　　　　），号（　　　　）。越州山阴（今浙江绍兴）人。12岁即能诗文，一生著述丰富，有（《　　　　　》）《渭南文集》等数十种存世，存诗9000多首，是中国现有存诗最多的诗人。其中许多诗篇抒写了抗金杀敌的豪情和对敌人、卖国贼的仇恨，风格雄奇奔放，沉郁悲壮，洋溢着强烈的爱国主义激情。他的名句“山重水复疑无路，（　　　　　　　　　）”“小楼一夜听春雨，深巷明朝卖杏花”等一直被历代读者广为传诵。

二、想一想

1. 怎样理解“小楼一夜听春雨”？陆游听到了什么？

2. “矮纸斜行闲作草，晴窗细乳戏分茶”一句中，哪两个字体现了陆游当时的心境？

3. 背诵全诗，理解陆游当时的思想感情。

三、写一写

古诗词中有很多描写花（比如桃、李、杏、桂花、牡丹、月季等）的诗句，你能想起哪些写某种花的诗句？

四、读一读

陆游初娶表妹唐琬为妻，夫妻间感情一直很好，在小两口的心中，都以为可以偕老百年。不料世事无常，也不知是什么原因，陆游的母亲很不喜欢这个甥女兼媳妇的唐琬，并且事情越闹越僵，婆媳的感情竟然逐步恶化到不可收拾的地步。终于婆婆一怒之下，逼迫陆游休了唐琬。陆游另娶，唐琬也改嫁赵士程。

公元1155年（南宋高宗绍兴二十五年），陆游在家乡山阴（今绍兴）闲居，一个宜人的好春天气，他偶然到城南沈园游玩，不期和前妻唐琬在园中相遇。在沈园偶遇唐琬时，陆游已经三十一岁，并且已是三个孩子的父亲。唐琬是同丈夫赵士程一起来沈园游玩的，也未曾想会在这种情况下再见陆游，当时三人一定非常尴尬。应该是出于礼貌吧，唐琬遣仆人致送酒肴给陆游，陆游心中非常凄苦，前思后想，辛酸难当，挥笔在沈园壁上题下这首《钗头凤》。后来唐琬看到了这首词，也和了一首，不久便郁郁而逝。

钗头凤

陆　游

红酥手，黄縢酒，满城春色宫墙柳。东风恶，欢情薄，一怀愁绪，几年离索。错错错！

春如旧，人空瘦，泪痕红浥鲛绡透。桃花落，闲池阁，山盟虽在，锦书难托。莫莫莫！

钗头凤

唐　婉

世情薄，人情恶，雨送黄昏花易落。晓风干，泪痕残，欲笺心事，独语斜栏。难难难！

人成各，今非昨，病魂常似秋千索。角声寒，夜阑珊，怕人寻问，咽泪装欢。瞒瞒瞒！

（注：和词是否为唐婉所作有争议，一说为后人托名唐婉而作）

四十年后，陆游沈园重游，含泪写下《沈园》以纪念唐婉。其中不乏刻骨铭心的眷恋与相思，也充满不堪回首的无奈与绝望，真是荡气回肠，震烁人心。

沈园二首

其　一

城上斜阳画角哀，沈园非复旧池台。
伤心桥下春波绿，曾是惊鸿照影来。

其　二

梦断香消四十年，沈园柳老不吹绵。
此身行作稽山土，犹吊遗踪一泫然。

在他的诗集里，曾再三提到沈园的那次最后会面，表示难以消释的悲痛。直到他八十四岁，也就是去世的前一年，仍由儿孙搀扶前往并留下两首七绝，始终不忘这次偶遇和死别。

春日

其一

路近城南已怕行，沈家园里最伤情；
香穿客袖梅花在，绿蘸寺桥春水生。

其二

城南小陌又逢春，只见梅花不见人；
玉骨久成泉下土，墨痕犹锁壁间尘。

五、比一比

课外阅读陆游的作品《书愤》，该诗作与《临安春雨初霁》写在同一时期，看看风格有何不同。

秋登万山寄张五 | 孟浩然

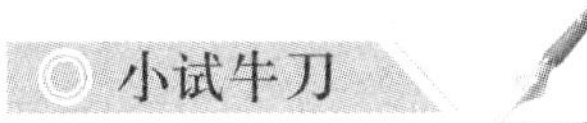

重阳习俗你知道吗？

每年的农历九月初九日，是中国传统四大祭祖的节日之一。重阳节，早在战国时期就已经形成，到了唐代被正式定为民间的节日，此后历朝历代沿袭至今。重阳与三月初三日“踏春”皆是家族倾室而出。重阳这天，所有亲人都要一起登高“避灾”，故重阳节又叫“登高节”。唐代文人所写的登高诗很多，大多是写重阳节的习俗；杜甫的七律《登高》，就是写重阳登高的名篇。登高所到之处，没有划一的规定，一般是登高山、登高塔，还有吃“重阳糕”的习俗。

重阳节插茱萸的风俗，在唐代就已经很普遍。古人认为在重阳节这一天插茱萸可以避难消灾；或佩带于臂，或做香袋把茱萸放在里面佩带，还有插在头上的。大多是妇女、儿童佩带，有些地方，男子也佩带。

在山东，昌邑北部人家于重阳节吃辣萝卜汤，有谚语道：“喝了萝卜汤，全家不遭殃”。鄄城民间称重阳节为财神生日，家家烙焦饼祭财神。邹平则在重阳祭祀范仲淹。

古人有很多抒写节日的诗句，请同学们回忆学过的诗歌，想想哪些是写重阳节的？

节日的成长

10 月 22 日那天恰逢重阳节，这天，我问了刚上一年级的小侄女几个问题。

问:“你知道重阳节吗?”她点点头。

问:“重阳节要登高,知道原因吗?”答:“越高看得越远!”

问:“知道重阳节的意义吗?”答:“我才不过崇洋媚外的节日呢!”

我听了很恼火——这是什么话!老师都怎么教的!于是给她讲“登高避疫”的传说并展开批评教育。

可小侄女好像很不服气,反问道:“你知道 11 月 22 日是什么日子吗?”

我想了半天也想不出来。

亲爱的同学们,你能够告诉我,11 月 22 日是什么日子吗?

选文

北山白云里,隐者自怡悦①。
相望试登高,心随雁飞灭。
愁因薄暮起,兴是清秋发。
时见归村人,沙行渡头歇。
天边树若荠②,江畔洲如月。
何当③载酒来,共醉重阳节。

[选自《全唐诗(上)》,上海古籍出版社 1986 年版]

注　释

①“北山”二句:晋陶弘景《诏问山中何所有赋诗以答》:“山中何所有?岭上多白云。只可自怡悦,不堪持赠君。”这两句由此变化而来。北山:指张五隐居的山。

②荠:野菜名,这里形容远望中天边树林的细。

③何当:何妨,何如。

学习活动

一、填一填

孟浩然(689—740),唐代诗人。襄州襄阳(今湖北襄樊)人,世称孟襄阳。孟诗不事雕饰,清淡简朴,感受亲切真实,生活气息浓厚,富有超妙自得之趣。如《秋登万山寄张五》,淡而有味,浑然一体,韵致飘逸,意境清旷。而《望洞庭湖赠张丞相》

“气蒸云泽梦,(   )”一联,笔力浑健,俯视一切。

孟浩然是唐代第一个倾大力写作山水诗的诗人。盛唐时期形成的以王维、孟浩然为代表的诗歌流派,又称(   )。该派融陶渊明、“二谢”(   )诗之长,以山水田园风光和隐逸生活为主要题材,风格冲淡自然。

二、想一想

1. 清人沈德潜在《唐诗别裁》中评价孟浩然诗歌为“语淡而味终不薄”,请结合本诗的七至十句,谈谈你对这一评价的理解。

2. 请简要分析“何当载酒来,共醉重阳节”两句在篇章结构和思想内容上的作用。

3. 结合本诗分析孟浩然诗歌的语言特点。

三、写一写

请用200字左右将这首诗改写成现代文。

四、读一读

请阅读孟浩然的另外两首诗。

过故人庄

孟浩然

故人具鸡黍,邀我至田家。
绿树村边合,青山郭外斜。
开轩面场圃,把酒话桑麻。
待到重阳日,还来就菊花。

登鹿门山

孟浩然

清晓因兴来,乘流越江岘。
沙禽近初识,浦树遥莫辨。
渐到鹿门山,山明翠微浅。

岩潭多屈曲，舟楫屡回转。
昔闻庞德公，采药遂不返。
金涧养芝术，石床卧苔藓。
纷吾感耆旧，结缆事攀践。
隐迹今尚存，高风邈已远。
白云何时去，丹桂空偃蹇。
探讨意未穷，回艇夕阳晚。

吃饺子杂谈

唐鲁孙

小试牛刀

写出下面流行语的意思，并造句。（要求：格调积极健康，语言流畅，语境贴切）

1. 你 out 了：
2. 很拉风：
3. 卖萌：
4. 给力：
5. 很 high：
6. 很逊：
7. 菜鸟：
8. 吐槽：
9. 女汉子：
10. 逆袭：

开心一刻

“四必”妙批

古时候有个读书人，大概平时读书不多，考试时无以应答，在考卷上写了一首打油诗后交上。诗曰：

未曾提笔泪涟涟，苦读寒窗几十年。
考官要不把我取，回家一命赴黄泉。

阅卷官看了，觉得好笑，用笔在每句诗后批了两个字，分别是“势必”“未必”“不必”“何必”。这“四必”批语言简意赅，妙趣横生，被人传为“妙批”。

你能揣想出阅卷官是按怎样的顺序批“四必”的吗？

选文

从前北方人拿饺子当主食，南方人拿饺子当点心，自从抗战军兴，前后方民众来了个大流徙[1]，在饮食习惯方面，于是有了绝大的变化。年轻的一代因为长居川黔云

贵，对于辣椒都有了偏嗜[②]，拿面食当主餐的人，也渐渐多了起来。现在台湾无论哪个县市，大街小巷随处可见饺子馆，足证饺子已经成为社会上最大众化的食品了。

饺子有蒸煮之分，所以煮的叫水饺，蒸的叫蒸饺。满洲人管水饺叫煮饽饽，黄河两岸有的地方叫扁食，最特别是山东菜管煮水饺叫"下包"。外乡人初履[③]斯土，听说下包时常被弄得莫名其妙。

当年北方乡间民情淳朴，生活节约，除了逢年过节才吃一顿白面饺子外，平素多半是吃荞麦面、高粱面、豆面、带麸皮的黑面包饺子的。至于谈到饺子馅儿，有荤有素。荤馅儿除了猪牛羊肉之外，还有鸡肉、虾仁、鱼肉、三鲜等；荤馅还有配上大白菜、小白菜、菠菜、韭菜、韭青、韭黄、大葱、茴香、西葫芦、冬瓜、南瓜、荠菜、扁豆的，有的人甚至拿萝卜缨儿，掐菜须做馅儿的，虽然属于废物利用，别具一格，偶或吃一次，倒也另有风味。素馅是白菜、菠菜、粉丝、豆腐、金针、木耳、冬笋，等等，要是加入鸡蛋、金钩、韭黄那就成为花素了。另外有用南瓜、鸡鸭血、金钩做馅儿的，亦荤亦素，也非常香腴[④]适口。

包饺子，分拌馅、和面、擀皮、包捏、煮熟五部曲，在北方有句俗语是："舒服不过倒着，好吃不过饺子。"饺子之人人爱吃，我想不外是饺子馅儿种类繁多，变化多端，所以才能让人多吃不厌。饺子好吃不好吃，端视馅儿拌得好不好来决定。饺子馅要分剁、切、擦三种，何者应剁，何者应切，何者用刨子擦，都有一定之规的，总之松腻粗细适中（如用绞肉味道就差了）方属上乘，调配料如果调配得当，饺子入口，觉得咸淡恰好。用油多寡更为重要，要能松腴柔润，不结不腻，才算高手。和面虽然不算什么难事，可是用水多少也非常重要，面要和得软硬适度，那就看揉面用水多寡得当不得当了。饺子皮分压跟擀两种，压皮快而不圆，擀皮虽圆而慢，自然擀皮的饺子比压皮来得整齐美观。不过包捏手艺到家，饺子煮熟，吃起来是不容易分别擀皮压皮的。

包饺子又叫捏饺子，饭馆做的多半跟家庭包法不同，叫"挤"，一挤一个，手法非常之快。北方还有个老妈妈论，三十晚上包饺子，接财神的时候，无论男女老幼，都要包上三两只。说是包几个饺子，可以把小人嘴捏住，可免小人胡说八道，招惹些是是非非出来。吃财神饺子里面要包小钱，恐怕饺子捏不牢，破了会漏财，于是财神饺子都捏上花边，虽然费点事，可是绝不至于饺子裂嘴散馅儿漏财。

煮饺子一锅不能煮太多，如果饺子在锅里翻不过身来，不但不容易煮熟，而且易黏易破，熟馅儿点一次水就可以煮熟，生馅儿可能要点两三次水，馅儿才能煮熟，那要看馅的大小皮的厚薄而定，所以煮饺子也是有门道的呢！

北方人吃饺子讲究薄皮大馅才能解馋。笔者认为馅儿的大小无关宏旨[⑤]，反而馅子填得太多，失去了皮跟馅儿中和的滋味，倒是边儿窄、皮儿薄是吃饺子唯一条件。假如边宽皮厚，再加上口淡，就难以下咽了。笔者虽是有名馋人，但是向不挑嘴，有一年在国外，有位东北朋友请我吃水饺，每个饺子大有两寸，皮子厚逾铜板，馅子更是大如肉丁馒头的肉粒，我当时真想把“好吃不过饺子”这句话改为“最难吃不过饺子”。所以从此增加了几分戒心，凡是不十分熟识人请我吃饺子，我总是逊谢不遑[6]的。

北方新郎新娘拜完天地入洞房，首先要由家人包几只饺子给新郎新娘吃，这种饺子用一根筷子填馅，饺子包起来非常小巧，煮熟也不过像大蚕豆一般，北方人叫它子孙饽饽，大概是最小的饺子了。

饺子的馅儿，以笔者个人爱好来说，荤馅以冬笋猪肉馅最好吃，冬笋切细粒与肉末同炒做馅，味宜稍淡，笋粒要够细方不致把饺子皮戳破，此为冬令饺子中妙品。素馅以菠菜、小白菜各半摊鸡蛋切碎，上好虾米也切碎，虾米多用不妨，取其鲜咸，可少用调味料。有韭菜胡萝卜时分别加入少许提味配色，一般饭店加豆腐粉条、金针、木耳，真所谓食惟韭薤[7]，味清而隽也。

谈到最会吃饺子，那就不能不佩服逊清[8]贝勒载涛啦。有一年数九天下大雪，他忽发雅兴，到东安市场东来顺，要吃羊肉白菜饺子，指明羊肉要用后腿肉，等饺子上桌他尝了一口，立刻大发雷霆，指着跑堂不照吩咐去做，敢情灶上看见一块羊里脊又细又嫩，就把那条里脊剁了馅儿了。谁知那位美食专家舌头真灵，居然吃出不对劲儿来，真可谓神乎其技了。

南方人吃饺子似乎没有北方人来得讲究，可是有一次在上海怡红酒家吃过一次灌汤水饺，一盂两只，现煮上桌，齑[9]脍融浆芬濡不腻，可贵处五羊面点一律使用澄粉，而灌汤饺是用纯粹面粉而不用澄粉，又是水煮而不上蒸笼，虽然价格比一般面点价高一倍，实在还是难能可贵的。后来在上海、广州、香港各地广东酒楼，就没有见有这种灌汤饺出售了。

南北筵席[10]道的点心，很少有用水饺的，偶或用鸡汤煮小水饺，饺子皮大多厚而且硬，不能适口。倒是酒席上的蒸饺(北方叫烫面饺)，南胜于北，吃过几回颇为不俗的蒸饺，在上海老伴斋吃过一次翡翠蒸饺，据说是扬州富春茶社主人陈步云的传授，后加以改良的。他把小青菜剁碎成泥，和糖为馅，碧天溶浆，其甘如饴。汉口大吉春有一种豌豆泥蒸饺，他家本来是轻易不做来奉客，那位白案子师傅，来自安徽宣城旧家，是老板的亲家，碰他酒后兴足才一展身手，笔者倒是碰巧躬逢其盛[11]，骨润芳鲜，确属妙馔[12]。现在武汉旧友有时餐叙，谈到汉口大吉春的豌豆泥蒸饺，还不禁馋涎欲滴呢！北平北城有个推车卖烫面饺的，他有一种三鲜馅儿，珍洁精芳，特别鲜美，可惜要尝珍味，必须依车进食，方能尽情恣享。

去岁年尾大扫除，偶捡旧路发现了旧藏广东省造三分六厘小银角子十余枚，系当年在大陆吃财神饺子，包饺子所用小银钱，儿孙辈对于吃包有小银钱的财神饺子极有兴趣，于是把十几枚小钱，全部包在饺子里，吃出多寡虽然不同，可是人人有份，皆大欢喜，于是把所知包饺子的一鳞半爪写出来，我想要吃饺子，而自己不太会做的朋友，能按上面所说五部曲琢磨一下来做，我想必定可以有一餐适口充肠饺子来吃了。

（选自《酸甜苦辣咸》，广西师范大学出版社2013年版）

学习活动

一、填一填

唐鲁孙（1908—1985），满族，他塔拉氏，本名葆森，字鲁孙。镶红旗人，珍妃、瑾妃的堂侄孙。出身贵胄，自幼出入宫廷，对老北京传统、风俗、掌故及宫廷秘闻了如指掌；年轻时只身出外谋职，游遍全国各地，见多识广，又熟谙各地民俗风情。著有（《　　　　》）一书，这套书是作者晚年的忆旧之作，信手拈来，妙趣横生，既可以使人增广见闻，又可以补正史与民俗学之阙。

二、想一想

1. 最后一段作者所说“五部曲”指的是什么？
2. 通读全文说一说，南方北方在吃饺子上有什么异同？
3. 这篇文章在语言风格上有什么特点？

三、说一说

你喜欢吃什么美食？请与同学们分享。要求：表述得当，不少于两分钟。

四、读一读

课下阅读梁实秋的《火腿》，与本文作主题方面的比较。

五、赏一赏

欣赏《舌尖上的中国》第二季中谈到的江苏淮安蒲菜饺子。

第五单元 Chapter FIVE

求知探索

人生是一个不断探索未知世界的过程，在这个过程中，有成功的喜悦，也有失败的痛苦，更有疑惑的迷惘。而一盏心灵之灯，它能照亮我们的人生之路，带领我们前行。正如雨果所说："人生至高的幸福便是感到自己有一个崇高的目标，只要不渝地追求就会成为壮举。"

生命因追求而精彩。高尔基说："一个人追求的目标越高，他的才力就发展得越快，对社会就越有益。"王之涣在《登鹳雀楼》中有"欲穷千里目，更上一层楼"的激励。在现实生活中，为了某一目标而毕生追求的人比比皆是。正因为人生追求的不同，人生也诠释着不同的价值。

同学们，你们正处在风华正茂时期，有着不同于其他年龄段的学习优势。在这样的花季年龄，希望同学们能不断上进，不断求知，不断追求。

当你将来回首这段生活时，会感叹一句：我没白过。

幼学纪事 | 于是之

小试牛刀

科举考试分院试——乡试——会试——殿试四级。

院试未考中前叫“童生”“童子”。

院试:又称童试,每年一次,地点在府县。应试者童生,功名是秀才,也称茂才。

乡试:又称秋闱,三年一次,地点在省城。应试者秀才,功名是举人,第一名称解元。

会试:又称春闱,乡试后的第二年春季,地点在礼部。应试者举人,功名是贡士,第一名称会元。

殿试:由皇帝亲自主持,应试者贡士,功名是进士。第一名叫状元,第二名叫榜眼,第三名叫探花。

及第:科举考试中选。

进身:入仕做官。

太学:古代设在京城的全国最高学府。

翰林:明、清时代凡进士进入翰林院供职者统称“翰林”,担任编修国史、起草文件等工作,是一种名望较高的文职官员。

我国现行的公务员考试制度是否就是科举考试呢?谈一谈吧!

开心一刻

从“于是之‘逼’自己读书”说起

于是之,出身贫寒,幼年辍学。可他后来竟成为一个受广大观众热捧的演员,进而完成了从演员到学者的转变。靠什么?靠的就是“逼”自己读书。他说过:“演员必须是一个刻苦读书并从中得到读书之乐的人。”他最害怕演员无知,更害怕把无知当有趣，一生尊重那些有书生气的“学者化”的同行们。

于是之“逼”自己读书，是显而易见的。不“逼”自己读书，仅靠初中文凭，怎么给自己所要表演的人物提供很好的营养？不能深刻地理解人物、演绎人物，又怎么生动地去塑造人物、表现人物，进而去打动每一位观众？

事实上，平日里，于是之“从剧院回到家，基本就看书”。戏剧表演艺术家焦晃曾回忆起：1960年，他以上影厂厂外演员组成员的身份加入《鲁迅传》剧组，见到了自己仰慕已久的于是之。“当时他的角色是范爱农，戏份并不重。但我每次走过于是之的门前，他总是在读书，仿佛没停过。也不爱跟我们闲聊，常常督促我们学习。”按理说，一个“戏份并不重”的小角色，凭于是之的底气和积累，稍稍应付一下就可以了。这样，空余的时间，自可以做点休闲性的调节，可他哪敢懈怠，他硬是“逼”着自己读书——“不是为了炫耀，而是当作学问，要弄明白”。事实上，恰恰是于是之凭了这种“逼”自己读书的精神，并通过生活的实践积累，令其创造的形象成了“文学的形象、艺术的形象，可以入诗、入画的形象”。也难怪美国剧作家阿瑟·米勒在看过他在《丹心谱》里的表演之后深有感触地说：“你们的演员很少会在舞台上用思想，但于是之会用。”

是不是可以这样说，于是之所诠释表演的一个个经典形象，契合了“一个艺术创造者的精神气质和感人情怀”？

选文

一

我出生于一个完全没有文化的家庭，跟着寡居的祖母和母亲过日子。她们都一字不识。那时形容人们无文化，常说他们连自己的名字也写不出。我的祖母和母亲则更彻底，她们压根儿就没有名字。

家里的藏书每年一换，但只有一册，就是被俗称为“皇历”的那本历书。她们只能从书里的图画中数出当年是“几龙治水”，借以预测一年的天时。至于全年二十四个节气都发生在哪一天和什么时辰，编书人未能画成图像，她们自然也就辨认不出了。直到我上小学，家里上两代人的这个困惑才算解除，“皇历”也才得到了比较全面的利用。

真的，不要小看小学生。在我住过的那个杂院里，出个小学生，就算得上个知识分子。比如同院拉洋车的老郝叔，孩子多，拉了饥荒要“请会”（一种穷人之间的经济上的互助活动，但要出利息），就找到了我，叫我帮他起草一个“请会”的“通知”，其中包括本人遇到什么困难，为什么要发起这个活动，将要怎么办等等的内容。那时我顶多不到三年级，怎么写得了！但老郝叔鼓励我：“你照我说的写，他们都懂。”我于是拿了毛笔、墨盒伏在老郝叔的炕上——他家无桌，炕上只有一张席，硬而且平，伏在上面写字是极方便的。就这样，他说我写，不大会儿的工夫，居然写出来了。随后又抄了若干份分别送出。“凡著诸竹帛者皆为文学[①]”，讲起文学的定义来，是有这么一说的。那么，我替老郝叔起草的这篇“通知”，无疑是一篇为人生的文学了，何况还分送出去，也算是发表了的呢！这篇出自老郝叔的心与口的好文章，我现在竟一句也记不起来了。老郝叔又早已作古。他无碑、无墓，所有的辛劳都化为汗水，洒在马路和胡同的土地上，即刻也就化为乌有。但对老郝叔，我老是不能忘记，总觉得再能为他做些什么才可以安心似的。

二

一个人的读书习惯，依我看，总是靠熏陶渐染逐步养成的，这就需要一个稍微好些的文化环境。我的家庭和所住的杂院，教给了我许多学校里学不到的知识，但就培养读书习惯而言，那不能说是好的文化环境。我正经上学只念到初中，且功课不好。虽然读了《苦儿努力记》，也没收到立竿见影的效果。一道稍微繁难的算术题，我憋住了，能找谁去？杂院里是没有这样的老师的。我后来所以还喜欢读点书，全靠我幸运地遇到了校内外的许多良师益友。

开始叫我接近了文艺的是孔德小学的老师们。

有一次，一位眼睛近视得很厉害而又不戴眼镜的老师，把我们几个同学招呼到他的宿舍里去，给我们诵读《罪恶的黑手》。他屋里哪儿都是书，光线显得很暗，所以他需要把诗集贴近鼻尖才能读得出。他的声音不洪亮，也无手势，读得很慢，却很动人。长大以后，我再没去读这首诗，然而它给我的印象，却始终留在脑海里。这位老师不久就不见了。当时，他为什么有这样的兴致叫几个孩子去听这首诗呢？我至今也不明白。每当路过孔德旧址，我还常常想起他来，我总觉得他或者是一位诗人，或者是一位革命者，老幻想着有一天会碰上他。

还有一位美术老师，是卫天霖先生。他是一位大画家，可是那时我们却全然不懂他的价值。

孔德学校有一间美术教室，小学部、中学部共用，无论大小学生一律要站在画架子前上美术课。先是铅笔画，铅笔要“6B”的，还要带上橡皮。后是学用炭条作画，炭条消耗大，向家里要钱时，已从大人的脸上窥出几分难色；待知道了擦炭笔画不能用橡皮而必须用烤过的面包时，我便不敢再回家去说了。记不清是我个人没学着炭笔画，还是卫先生更换了教法，反正是这个阶段不长，后来就改学画水彩——不管我是否买得起炭条和面包，但卫先生这种在一两年内，多种画法都叫孩子们尝试一遍的做法，我是拥护的。

卫先生还有一种教法，我们当时也很喜欢。开始是静物写生，画小瓶小罐之类。过了一阵以后，又叫我们到户外去，先画校园里头，后来就去东华门外的筒子河。孩子们对跑出去画画快活无比。我们画，卫先生跟着看，他也好像很高兴。一次写生，我画的地方前边是许多槐树，后边是一排矮松，再往后则是满墙的爬山虎。当时只知道看见的都要画上，哪里懂虚、实、疏、密这许多深奥的道理！结果，我的画画满了绿树、绿蔓、绿叶、绿茎，简直是绿得不可开交，一塌糊涂。谁知这时候卫先生正站在我身后看，我扭头看见他，笑了；他看着我和我的那幅绿色作品，也笑了，而且还称赞了我。到底是称赞我的什么呢？是有几处画得好？还是勇气可嘉，什么都敢画？或者根本就不是称赞，只是一种对于失败者的无可奈何的安慰？当时我可没想这么多，反正是被老师夸了，就觉得了不起，就还要画。

此后，我画画的兴趣，越来越浓，差不多延续到上初中一年级的时候。

对于卫天霖先生，我并不是为写这篇文章才想起他来的。时间还要早十来年。那时，首都剧场附近有一阵颇贴了一些所谓“揭露”卫先生“罪状”的印刷品。大家在那个动乱的年代里，都学会了一种本事，就是能够在通篇辱骂的文字里看出一个人的真价值来。我也正是从那些印刷品里才知道，原来第一个引导我接近了艺术的竟是这样一位大人物，我不禁骄傲了。

前两年，美术馆举办了先生的画展，我去看了。我在先生的自画像前，伫立了许久。他并没有把自己画得如何的色彩斑斓，还是他教我们时那样的平凡。我不知道美术界里对他是怎样评价，我只觉得他曾是一位默默的播种者，他曾在孩子们的心里播下了美的种子。而美育，我以为，对孩子们的健康成长是非常重要的。

三

从十五岁那年起，我就上不起学了。

我上学是由本家供给的。那时祖母已殁[2]，只剩下母亲和我。本家们有的给我们些钱，贴补吃喝；有的给我们间房住；有的灵活些，告诉我们什么时候缺吃的了，到他家去，添两双筷子总还可以；而有一家就是专门供我一年两次的学费。十五岁以前，我受到的就是这么一种“集体培养”。但是，就在那年的冬天，这位本家来到母亲和我的屋里。

“干什么呢？”他问。

“温书，准备寒假考试。”我答。

“别考了。现在大伙都不富裕，你也不小了，出去找点事做吧。”

我沉默了，母亲也无言。吃人嘴短，还能说什么呢？于是我合上了笔记本和书，从此结束了我的学生生涯。

“找点事做”，那时很难。先要买些“履历片”回来填写，写好后再托本家、亲戚四面八方找门路，呈送上去。回音，大都是没有的，但是要等待。母子两个茫茫然地等着，等着一个谁也不愿多想的茫茫然的未来。

茫然中还是有事可做的。子承母业，去当当。比每天上学稍晚的时间，便挟个包去当铺，当了钱出来径直奔粮店买粮。家底单薄，当得的钱，只够一天的“嚼裹儿”，计：棒子面一斤，青菜若干，剩下的买些油盐。当得无可再当了，便去押“小押”。那是比当铺更低一等，因此也是更加苛酷的买卖。他们为“方便”穷人计，可以不收实物，拿了当铺的“当票”就能押。押得无可再押了，仍旧有办法，就是找“打小鼓的”把“押票”再卖掉。卖，就更“方便”了。每天胡同里清脆的小鼓声不绝如缕，叫来就可以交易。一当二押三卖，手续虽不繁难，我和母亲的一间小屋里可就渐渐地显露出空旷来，与老郝叔的家日益接近。

四

或者我是个侥幸者，或者生活本来就是由许多的“偶然”所铸成。辍学以后，在过着“一当二押三卖”的日子里，我居然进入了当时的最高学府辅仁大学中文系，当了一阵子一文不花的大学生。那是由于有几位好友，和我们住得邻近，他们比我年纪大些,都是那所高等学府的学生。他们同情我的境遇,于是就夹带着我混进了辅仁大学。事是好事,但头一天我一进校门,就觉出浑身上下都不自在起来,眼睛只敢看地板,看楼梯。好像是走了一段很长的路,才进了教室。教室里学生们大部已经就座,只有我兀[3]立一旁,这就更增加了我的紧张。我真想掉头归去,回到我的家,回到我或当或押或卖的"自由"的生活中去。我的热心的好友走去找他的几个同学,只见他们嘁嘁喳喳[4]了一阵以后,就指着一个空位子告诉我:"你今天先坐这儿吧。"我于是坐下。心想,我明天坐哪儿呢?果然,第二天我就更换了一个地方。此后天天如是,先是我浑身不自在地进入教室,他们则照例要嘁嘁喳喳一阵,而后为我指出一个安身的所在。

尽管是这样,然而听课还是令我神往。现在记得起的是一位孙教授讲秦少游,一位顾教授讲辛弃疾。从他们精到的讲解里,叫我领略出这些大词人的妙处:他们能在婉约近人的文字中抒发出忧国、爱国的深情以至豪情来。多么美呀,多么精巧啊,我们祖国的语言!每一个字,每一个音节,都像是一个可爱的小精灵,只要你调度得当,它就能把你心里的最细微的情绪表达出来!

听课虽然有趣而令人神往,但内心的恐惧却不容易消除。日久天长,我才明白,高等学府里的教授们是不管点名的。学生们都有固定的位子,点名的人只能在窗外,看位子空着的便画"旷课",位子上只要坐着人,不管是谁,他便画"到"。我之所以能坐上位子,而位子又须每天更换,就是每天总免不了有人旷课的缘故。但在当时,我于听课神往之余,心里总不免于忐忑,谁知道那些花了钱的学子什么时候会突然闯进教室把我撵走呢?因此,我那时常生做贼之感,觉得自己是一个偷窃知识的人。

此后,靠朋友们的帮忙,我终于找到了一个职业。那时我只有十六岁,而我的同事们,比起我的年龄来,翻一番的寥寥可数,多数都是翻了两番以上的老头子。他们同我无话可讲,我也只能报之以沉默。虽然有了职业,但并不足以糊口,前途依旧茫然。只是偶然在一根电线杆子上的招生广告里,我又为自己找到了生活的希望。

就在我做事的地方附近,有一家中法汉学研究所,广告上说那里要办一个法文研究班,每周晚上开两堂法语课。一个"汉学",一个"法语",再加上是个夜校,这对我简直是个天赐的机缘。于是我去报名了。经过口试,我说了我对"汉学"和"语言"的兴趣,很快便通知我被录取了。从此,我又进入了另一所特殊的高等学府。

这个夜校简直是一座法兰西文学的殿堂。头一年照例是从字母念起,学些简单的对话和短文。第二年选文里可就出现了莫里哀和雨果。依次读下去，到了最后的一年，就读到了 19 世纪末的散文和诗。教授讲得津津有味，学生们也听得入神。以至于在上课时，我竟仿佛觉得自己已近“雅人”。但是，在课前和课后，我却不能不继续过我的“俗人”的生活。

我那时住在北京西单，每天需步行过北海大桥，才能到达近东四我上班的地方。平时只带一顿午饭，不过是窝头小菜之类。赶到上夜校时，就需带上晚餐了。把窝头带进法兰西文学的殿堂，已经很不协调，更何况“殿堂”里是只烧暖气而不生炉火的。到了冬天，暖气烤不了窝头，冷餐总不舒服。幸好，“殿堂”之外的院子里有一间小厕所。为了使上下水道不至于受冻，那里面安着一个火炉。于是这厕所便成了我的餐厅。把窝头掰为几块，烤后吃下，热乎乎的，使我感到了棒子面原有的香甜。香甜过后，再去上课，听的偏是菩提树、夜莺鸟这样的诗情。下课以后，又需步行回家。天高夜冷，静得可以听见自己的足音。且走且诵，路成了我最好的温课的地方。早晨上班也一样，将生字写在小纸片上，看一眼就可以背一会子，也发生不了什么交通事故。据我那时的经验，从西单走到东四，少说可以背下四五个单词来。

“蓬生麻中，不扶而直；白沙在涅，与之俱黑。”我衷心地喜欢这两句话，读起来总感到亲切。我庆幸自己在那样恶劣的政治制度下竟遇上那么多好的老师和好的朋友，他们为我启蒙，教我知道书这种东西的宝贵，使我没有胡乱地生长。

（选自《于是之：情泉》，商务印书馆国际有限公司 2010 年版）

注　释

①凡著诸竹帛者皆为文学：凡写在书上的都是文章。出自《汉书·艺文志》。竹帛，竹简和白绢，古代初无纸，用竹帛书写文学。

②殁（mò）：死。

③兀（wù）：直立。

④嘁（qī）嘁喳（chā）喳：形容细碎的说话声音。

学习活动

一、填一填

于是之（1927—2013），原名于皛（xiǎo），原籍天津，生于河北唐山。中国话剧代表人物,在话剧(《　　　　　》)(《　　　　　》)(《　　　　　》)《虎符》《日出》《关汉卿》以及电影《青春之歌》等作品中成功地塑造了一系列经典的舞台艺术形象。

二、说一说

1. 本文围绕“幼年求学”这一中心安排材料。试用一个短语概括每一部分的主要内容。

2. 文章第二部分重点写了作者幼年求学经历中的两位老师,谈谈这两位老师为什么给作者留下了如此深的印象?

三、品一品

本文的语言幽默风趣,品读下列句子,谈谈它们在表情达意上的作用。

1.“凡著诸竹帛者皆为文学”,讲起文学的定义来,是有这么一说的。那么,我替老郝叔起草的这篇“通知”,无疑是一篇为人生的文学了,何况还分送出去,也算是发表了的呢!

2. 茫然中还是有事可做的。子承母业,去当当。

3. 于是这厕所便成了我的餐厅。把窝头掰为几块,烤后吃下,热乎乎的,使我感到了棒子面原有的香甜。香甜过后,再去上课,听的偏是菩提树、夜莺鸟这样的诗情。

四、写一写

童年生活中,你最受感动,至今印象最深的事是什么?用200字左右的篇幅叙述这件事。

五、赏一赏

课外观赏于是之主演的电影《茶馆》,体会作者求学时期的社会背景。

张衡传

范 晔

小试牛刀

我国古代历法以“天干”(甲、乙、丙、丁、戊、己、庚、辛、壬、癸)10 个字和“地支”(子、丑、寅、末、辰、巳、午、未、申、酉、戌、亥)12 个字相配来表示年份的次序。如 2015 年是农历乙未年,按传统说法是属羊人的本命年。据此推算,2016 年是农历(　　　)年,是属(　　　)人的本命年。

古代还常用帝王的年号纪年。例如:阳嘉元年(《张衡传》)。

开心一刻

请假条

某高校一位汉语言文学专业学生用文言文写了一张请假条,行文飘逸,朗朗上口,一时广为流传。请假条具体内容是这样的:

若夫黄叶辞柯,对金节而送燠,丹桂浮香,比西风而迎凉,啼猿则声声啸冷,吟虫则双双鸣寒,所以烟障不落,雾氛恒周,以至喉如吞炭,口若在汤,而身体肢干,五感七窍,非无辅车之难,遂成城池之殃,岂不悲乎?

感冒了不能去上课,你会怎么写请假条?

选 文

张衡字平子,南阳西鄂[①]人也。衡少善属文,游于三辅[②],因入京师,观太学[③],遂通五经[④],贯六艺[⑤]。虽才高于世,而无骄尚之情。常从容淡静,不好交接俗人。永元[⑥]中,举孝廉[⑦]不行,连辟[⑧]公府[⑨]不就。时天下承平日久,自王侯以下,莫不逾侈[⑩]。衡乃拟班固《两都》[⑪],作《二京赋》,因以讽谏。精思傅会[⑫],十年乃成。大将军邓骘[13]奇其才，累召不应。

衡善机巧[14]，尤致思[15]于天文阴阳历算。安帝雅闻[16]衡善术学，公车特征[17]拜郎[18]中，再迁为太史令。遂乃研核[19]阴阳，妙尽璇机之正[20]，作浑天仪，著《灵宪》《算罔论》[21]，言甚详明。

顺帝初，再转，复为太史令。衡不慕当世，所居之官，辄积年不徙。自去史职，五载复还。

阳嘉[22]元年，复造候风地动仪。以精铜铸成，员径[23]八尺，合盖隆起，形似酒尊，饰以篆文山龟鸟兽之形。中有都[24]柱，傍行八道[25]，施关发机[26]。外有八龙，首衔铜丸，下有蟾蜍，张口承之。其牙机巧制[27]，皆隐在尊中，覆盖周密无际。如有地动，尊则振龙，机发吐丸，而蟾蜍衔之。振声激扬，伺者因此觉知。虽一龙发机，而七首不动，寻其方面[28]，乃知震之所在。验之以事[29]，合契若神。自书典所记，未之有也[30]。尝一龙机发而地不觉动，京师学者咸怪其无征[31]。后数日驿至，果地震陇西[32]，于是皆服其妙。自此以后，乃令史官记地动所从方起[33]。

永和初，出为河间相[34]。时国王[35]骄奢，不遵典宪[36]；又多豪右[37]，共为不轨。衡下车[38]，治威严，整法度，阴知[39]奸党名姓，一时收禽[40]，上下肃然，称为政理[41]。视事[42]三年，上书乞骸骨[43]，征拜尚书。年六十二，永和四年卒。

（节选自《后汉书·张衡列传》，中华书局 1965 年版）

注　释

①南洋西鄂：南阳郡的西鄂县，在今河南南阳。

②游于三辅：在三辅一带游学。游，游历，游学，指考察、学习。

③太学：古代设在京城的全国最高学府，西汉武帝开始设立。

④五经：指《诗》《书》《礼》《易》《春秋》五部经书。

⑤六艺：指礼、乐、射、御、书、数六种学问和技艺。

⑥永元：东汉和帝刘肇的年号(89—105)。

⑦孝廉：汉朝由地方官向中央举荐品行端正的人任以官职，被举荐之人称为孝廉。

⑧连：屡次。辟(bì)：(被)召请(去做官)。

⑨公府：三公的官署。东汉以太尉、司徒、司空为三公。

⑩逾侈：过度奢侈。

⑪《两都》：指班固作的《两都赋》，分《西都赋》《东都赋》。

⑫精思傅会：精心创作的意思。

⑬邓骘（zhì）：东汉和帝邓皇后的哥哥，立安帝，以大将军辅政。

⑭机巧：设计制造机械的技艺。巧，技巧、技艺。

⑮致思：极力钻研。致，极，尽。

⑯雅闻：常听说。雅，副词，素来，常。

⑰公车特征：指由“公车”（官署名称）特地指名征召。

⑱拜：任命，授给官职。

⑲研核：研究核查。

⑳璇玑之正：指测天仪器的道理。璇玑，玉饰的测天仪器。

㉑《灵宪》：一部历法书。《算罔》：一部算术书。

㉒阳嘉：东汉顺帝刘保的年号（132—135）。

㉓员径：圆的直径。员，通“圆”。

㉔都：大。

㉕傍：同“旁”，旁边。

㉖施关发机：设置关键（用来）拨动机件，意思是每组杠杆都装上关键，关键可以拨动机件（指下句所说的“龙”）。

㉗牙机巧制：互相咬合制作精巧的部件。

㉘方面：方向。

㉙验之以事：以事验之。验，检验，验证。

㉚未之有也：从来没有这种事。

㉛无征：没有应验。

㉜陇西：汉朝郡名，在今甘肃省兰州市、临洮县、陇西县一带。

㉝所从方起：从哪个方位发生。

㉞河间相：河间王（刘政）的相。汉朝王国的相，职权相当于郡的太守。

㉟国王：即河间王刘政。

㊱典宪：制度法令。

㊲豪右：豪族大户，指权势盛大的家族。

㊳下车：官员初到任。

㊴阴知：暗中察知。

㊵收禽：逮捕。禽，通“擒”，捕捉。

㊶政理：政治清明。

㊷视事：这里指官员到职工作。

㊸乞骸骨：古代官吏因年老请求退职的一种说法。

学习活动

一、填一填

1. 范晔(398—445)，字蔚宗，顺阳(今河南南阳淅川)人，(　　　　)朝宋史学家、文学家。范晔才华横溢，史学成就突出，其(《　　　　》)博采众书，结构严谨、属词丽密，与《汉书》(《　　　　》)(《　　　　》)并称“前四史”。

2. 张衡(78—139)，字平子。南阳西鄂(今河南南阳市石桥镇)人，与司马相如、扬雄、班固并称(　　　　)四大家。(　　　　)时期伟大的天文学家、数学家、发明家、地理学家、文学家。发明了浑天仪、(　　　　)。由于他的贡献突出，联合国天文组织将月球背面的一个环形山命名为“张衡环形山”，太阳系中的1802号小行星命名为“张衡星”。

二、想一想

1. 作者叙写了张衡哪些方面的杰出才能？其高尚品德表现在什么地方？

2. 本文在写作方法上有什么特点？你能据此总结出人物传记写作的一些规律吗？

三、练一练

解释下列句中加点词的意思，并翻译句子。

1. 虽才高于世，而无骄尚之情。常从容淡静，不好交接俗人。

2. 安帝雅闻衡善术学，公车特征拜郎中，再迁为太史令。

3. 衡不慕当世，所居之官辄积年不徙。

4. 尝一龙机发而地不觉动，京师学者咸怪其无征。

四、说一说

作者对候风地动仪的介绍深入细致，清晰扼要，形象具体。因此，候风地动仪虽已失传，但现代科学家王振铎等人根据此段文字却能将其复制还原，其模型至今还陈列在中国历史博物馆。认真阅读第四段，体会其说明特点，并用自己的话准确地复述出来。

五、试一试

科学的本质在于创新，而创新必须建立在科学创意的基础上。结合所学专业，展开想象和创造的翅膀，开展一次创意设计活动。如商贸专业可以策划一个有创意的营销方案，服装专业可以利用废旧材料设计别致的服饰，汽车维修专业可以就某件工具提出改进意见等，然后说说你从中得到的体会。

思考的威力 | 牛守贤

小试牛刀

我国古代哲学认为阴阳是宇宙中通贯物质和人事的两大对立面。天为阳，地为阴；男为阳，女为阴；白天为阳，夜晚为阴；山南水北为阳，山北水南为阴。

山东省的济阳位于古济（现黄河）之（　　　　）；

河南省的洛阳位于洛河之（　　　　）；

湖南省的衡阳位于衡山之（　　　　）；

陕西省的华阴位于华山之（　　　　）。

开心一刻

“马虎”的来历

人们都喜欢用“马虎”来形容某人办事草率或粗心大意，殊不知在这个俗语的背后，原来有一个令人悲伤的故事。

宋代时京城有一个画家，作画往往随心所欲，令人搞不清他画的究竟是什么。一次，他刚画好一个虎头，碰上有人来请他画马，他就随手在虎头后画上马的身子。来人问他画的是马还是虎，他答：“马马虎虎！”来人不要，他便将画挂在厅堂。大儿子见了问他画里是什么，他说是虎，次儿子问他却说是马。

不久，大儿子外出打猎时，把人家的马当老虎射死了，画家不得不给马主赔钱。他的小儿子外出碰上老虎，却以为是马想去骑，结果被老虎活活咬死了。画家悲痛万分，把画烧了，还写了一首诗自责：“马虎图，马虎图，似马又似虎，长子依图射死马，次子依图喂了虎。草堂焚毁马虎图，奉劝诸君莫学吾。”

诗虽然算不上好诗，但这教训实在太深刻了，从此，“马虎”这个词就流传开了。

你了解“推敲”一词的来历吗？

选文

闲聊天,几个青年提出了这样的问题:“人们常说,一切发明创造都来自劳动,来自实践。可是,为什么有不少人辛辛苦苦地从事某种工作十几年,甚至几十年,却一直没有什么发明创造呢?”

“为什么瓦特看见了水蒸气冲开壶盖就发明了蒸汽机,鲁班被带齿的野草叶子划破了手,就发明了锯?”

在解答这个问题之前,我先摘引一个科学家与他的助手的一段对话。

最早完成原子核裂变实验的英国物理学家卢瑟福,有一天晚上走进他的实验室,时间已经很晚了,实验室里有一个学生仍然俯身在工作台上。

“这么晚了,你还在做什么?”卢瑟福问道。

“我在工作。”学生随即回答说。

“那你白天做什么了?”

“我也工作。”

“那么你早晨也工作吗?”

“是的,教授,早上我也工作。”学生带着谦恭的表情承认了,并等待着这位著名学者的赞许。

卢瑟福稍微沉吟了一下,随即简短地问道:“可是,这样一来你用什么时间来思考呢?”

这段简短的对话,道出了二个真理:对于每一个人来说,从劳动、实践到有没有发明创造,除了社会条件和劳动态度以外,还有一个极其重要的决定性的因素,这就是能不能开动脑筋,认真思考!

我们拉开历史的帷幕就会发现,古今中外凡是有重大发明创造的人,都是勤于思考、善于分析的典范。

就拿瓦特来说吧,他发明蒸汽机的过程就是他专心致志地多想深思、刻苦钻研的过程。瓦特小的时候,有一天晚上他望着壁炉里通红的火焰,默默地感到惊异,想问个究竟。

“奶奶,是什么东西把炉子烧旺的?”他脱口追问道。不久,另一种奇异的现象又引起小瓦特的深思:火炉上茶壶的盖子被水蒸气冲开了,壶盖吧塔吧塔地抖动着。小瓦特探索地问:“奶奶,茶壶里有什么东西?”

“水,孩子,除了水什么都没有。”

“我看水里头有东西嘛，所以才把盖子弄得吧塔吧塔的。”

祖母笑着说：“哦，那只是水蒸气。”

思想敏锐的小瓦特揭开盖子，看着翻滚的开水寻思着：“好怪！掀得动这么沉的铁盖子，那水蒸气谅必很厉害吧。……干吗不能用来掀动更重的东西？干吗不能用来转动车轮呢？”

就这样，这个创造发明的幼芽伴随着“思考”的雨露，在他心灵里扎下了根。后来，瓦特在英国格拉斯哥大学工作中发现，已有的蒸汽机有很大缺点，于是他年年月月地观察着，思索着，试验着，终于在1782年创造出了万能蒸汽机。

多想出智慧，深思能创新。毕昇是我国北宋时一个优秀的老刻字工人，他的手艺很精巧，刻的木版印出来的书很受欢迎。但是，他在长期的艰辛劳动中深深感到雕版印刷有很多缺点，经常苦苦思索要设法改进它。有一次，他看见孩子用黏土做成骰子[①]，放在炉火上烤干，就可以拿去玩了。他触景生情，反复思索，心想：假如把印书用的字，也刻得像骰子一样一个一个的，该多方便！他经过长久的细心钻研，终于发明了活字印刷术，成为我国古代科学四大发明之一。

从这里我们可以看出，“思考”是何等的重要。可以说，“思考”是人类向科学进军的先导，是探索大自然秘密的侦察兵，是创造发明之花的阳光雨露，是攀登科学顶峰的阶梯。

无产阶级革命导师和那些有重大发明创造的科学家、艺术家，都是十分重视思考的作用的，而且也都是最善于思考的人。

保尔·拉法格在《忆马克思》中说：马克思有“非凡的思考力”。“思考是他无上的乐事，他的整个身体都为头脑牺牲了。”“他的头脑就像停在军港里升火待发的一艘军舰，准备一接到通知就开向任何思想的海洋。”毛泽东同志多次教导我们要“多思”，“多想”。他说：“多想出智慧”，“必须提倡思索”。周恩来同志在上中学的时候曾经说过：“思之思之，神鬼通之。”强调要开动脑筋思索问题。著名数学家华罗庚同志说：“‘人’之可贵在于能创造性地思维。”唐代著名的文学家韩愈在《进学解》一文中说：“行成于思，毁于随。”

马克思主义认为，人的认识就是头脑对客观世界的反映。人脑好比一个加工厂，它的原材料来自客观世界，思想认识就是在人脑这个加工厂中对客观材料进行加工后的产品。人脑这个加工厂还具有特殊的性能，这就是：在劳动和实践中不仅能反映客观世界的表面现象，而且能深入地、正确地反映客观世界的内在本质和它的规律性。人脑加工思想产品，依靠思考的作用。所谓创造性的劳动，就是劳动加上思考,也就是在从事体力劳动或其他科学实验等等劳动的同时,进行着艰苦的复杂的脑力劳动。那些不肯开动脑筋的思想懒汉,是谈不上有创造性的劳动,更谈不上做出什么发明创造的。有志于献身"四化"的青年朋友,在劳动、工作、学习中,一定要克服盲目性,努力养成思考的习惯,不断培养和发展自己的思考能力。

那么,应当怎样去思考、怎样去发挥思考的威力呢?

首先,要有强烈的志趣。对某个问题的强烈志趣,来源于对革命事业的强烈的责任心。农民科学家吴吉昌,为了实现周总理的嘱托,解决棉花脱蕾落桃问题,不顾林彪、"四人帮"的残酷迫害,以高度的革命责任感和强烈的志趣,日日夜夜苦苦思索。他在瓜园里偶然发现,当地菜农给甜瓜苗打顶是在甜瓜苗刚长出两片真叶时就着手打的。这样打顶后,在甜瓜苗两片真叶的腋心里会很快长出两根蔓来,坐瓜早,瓜又多,又不脱落。吴吉昌由甜瓜苗打顶联想到棉花,心想:若用这个办法让棉苗长出两个秆,早现蕾,多挂铃,不就能增产了吗?一种按捺不住的强烈愿望,促使他不顾一切束缚去进行试验。他选了两株刚长出两片真叶的棉苗,打了顶。过了几天,这两株棉苗果真都长出两根秆来。可见,强烈的志趣是发展思考能力的动力。

其次,要有雄厚的文化基础知识。思考,不能只是凭空的臆想[2],它要建立在丰富的劳动实践经验和广博的知识基础上。离开了这个基础,思考就成为无本之木,无源之水。这个基础越雄厚,越坚实,就越是能够广开思路,触类旁通,举一反三,就越容易达到发明创造的境地。苏联著名的科学家巴甫洛夫在《给青年们的一封信》中说:"鸟的翅膀无论怎样完善,但若不借空气支持,是不能使鸟体上升的。事实就是科学家的空气。没有事实,你们永远也飞腾不起来。"

其三,要有明确的目标。思考,不能是漫无边际的胡思乱想,也不能是杂乱无章、思绪如麻。只有经常集中在一个目标上去认真地思考,才能具有对这个问题的特有的思想敏锐性,才能随时随地地注意到与之有关的一切事物。被后人尊为"木工祖师"的鲁班,因为常常在思索着如何才能省劲地截断木头这个问题,所以,当他被带齿的野草叶子划破手指时,就能联想生智,产生出发明锯的念头。

其四,要有入迷的精神。所谓入迷,就是高度集中的注意力在大脑皮层中引起的极大兴奋性,使自己全神贯注于某一事物,而把其他一切都置之度外。这就像普希金所说的,"我忘记了世界";柴可夫斯基所说的,"忘掉了一切"。英国著名科学家牛顿在研究万有引力定律的过程中,全部身心都投入了忘我的入迷的劳动之中。有一次他请了一位朋友到家吃饭,菜在桌子上已经摆了好久,可是他忙于在室内计算月球的轨道，把吃饭的事早已抛到九霄云外。于是客人自己吃掉了桌上的鸡，骨头仍留在盘子里就走了。当牛顿计算完毕出来看见盘中的骨头时，豁然大悟："我以为我还没有吃饭呢，原来已经吃过了。"他入迷到了这种废寝忘食的地步。

其五，要有科学的方法。这就是毛泽东同志在《实践论》中所说的去粗取精、去伪存真、由此及彼、由表及里的方法。他说："要完全地反映整个的事物，反映事物的本质，反映事物的内部规律性，就必须经过思考作用，将丰富的感觉材料加以去粗取精、去伪存真、由此及彼、由表及里的改造制作工夫，造成概念和理论的系统，就必须从感性认识跃进到理性认识。"这样，就把思考建筑在辩证唯物论的基础上，使自己在思考认识的过程中，能抓住事物的本质，认识事物的规律性，避免事务主义和经验主义。

大脑是人的思想器官，这个器官和其他人体器官一样，是愈用愈发达，不用则退化。由此可见，我们只有"开动机器"，勤于思考，善于思考，才能在四化建设中，充分发挥思考的威力。

［选自《高职语文(下)》，清华大学出版社2013年版］

注　释

①骰(tóu)子：色(shǎi)子。

②臆(yì)想：主观地想象。

学习活动

一、填一填(根据课文内容填空)

被后人尊为"木工祖师"的鲁班，(　　　　)常常在思索着如何才能省劲地截断木头这个问题，(　　　　)，当他被带齿的野草叶子划破手指时，(　　　　)能由联想而生智慧，产生出发明锯的念头。

二、想一想

勤于学习，善于思考，勇于探索，才能敏于创新。课文用瓦特和毕昇的例子是为了说明什么观点？引用保尔·拉法格、毛泽东、周恩来等人的话是为了证明什么观点？这些观点是不是课文的中心观点？

三、品一品

议论文是以议论为主要表达方式的文体，这篇课文却有不少具体的记叙和生动的描写。阅读下面的例子，然后从课文中找出其他记叙和描写的文字，认真研读，说说它们对论证文章观点所起的作用。

有一次，他看见孩子们用黏土做成骰子，放在炉火上烤干，就可以拿去玩了。他触景生情，反复思索，心想：假如把印书用的字，也刻得像骰子一样一个一个的，该多方便！他经过长久的细心钻研，终于发明了活字印刷术。

四、练一练

课文在论述“思考”这一话题时，使用了不少比喻句，如：“‘思考’是人类向科学进军的先导，是探索大自然秘密的侦察兵，是孕育发明之花的阳光雨露，是攀登科学高峰的阶梯。”试从课文中再找出几个比喻句，体会其表达效果。

五、说一说

课文从志趣、基础、目标、精神、方法等方面论述了如何才能发挥思考的威力。在你的经历中是否曾感受到思考产生的威力？对照课文提出的五个方面，说一说你的优势和不足。

自由和科学

[美]爱因斯坦

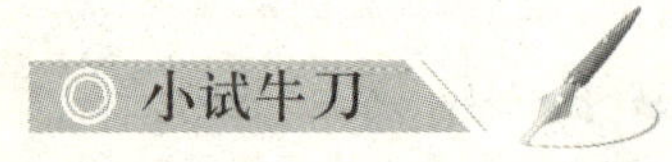

小试牛刀

形象的比喻

《犹太五千年的智慧》一书中，把男人的一生分为七个阶段。请在下面每个括号里填上一种符合该年龄阶段男人特性的动物。

一岁为王，众人围着讨好哄骗，一呼百诺；

两岁为(　　)，在泥泞中打滚厮混，自得其乐；

十岁为小羊，或笑或闹，活蹦乱跳，天真烂漫；

十八岁为马，长大成人，血气方刚，时时欲逞匹夫之勇；

婚后为(　　)，背负家庭重担，步履蹒跚；

中年为(　　)，为了养家活口，委曲求全，仰人鼻息；

老年为(　　)，返老还童，可惜无人理会。

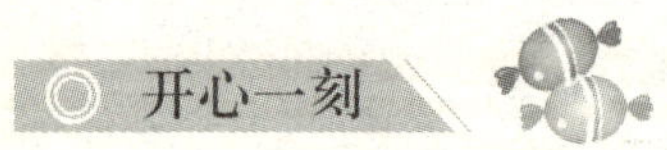

开心一刻

从烟囱里爬出来该不该洗澡

有个学生请教爱因斯坦逻辑学有什么用。爱因斯坦没有直接回答，而是问他："假如有两个工人从烟囱里爬出来，一个很干净，一个很脏，你认为哪一个会去洗澡呢？"

"当然是脏的那个会去洗澡。"学生说。

爱因斯坦反问："是吗？脏的那个工人看见对方干干净净，还以为自己也不脏，哪里会去洗澡呢？"

“这样看来是干净的那个去洗澡了！”学生恍然大悟。

在场的学生都认同这个答案，爱因斯坦却笑道：“错！两个工人都是从烟囱里爬出来的，怎么可能一个干净一个脏呢？这就是逻辑学的用处！”

爱因斯坦是世界著名的物理学家，1921年获诺贝尔物理学奖，你知道他的主要成就是什么吗？

选文

我知道，要对基本价值的判断进行争论，是一件没有希望的事。比如，如果有人赞成把人类从地球上消灭掉作为一个目标，人们就不能从纯理性的立场来驳倒这种观点。但是如果有某些目标和价值是大家一致同意的，人们就能够合理地来议论达到这些目的的手段。现在，让我们来指出两个目标，凡是读到这篇东西的人大概都会完全同意的。

第一，为维持全部人类的生活和健康所必需的资料应当由总劳动量中尽可能少的部分来生产。

第二，满足物质上的需要，固然是美满的生活所不可缺少的先决条件，但只做到这一点还是不够的。为了得到满足，人还必须有可能根据他们个人的特点和能力来发展他们理智上和艺术上的才能。

其中第一个目标是要求增进一切有关自然规律和社会规律的知识，也就是要促进一切科学工作。因为科学工作是一个自然的整体，它的各个部分彼此相互支持着，虽然支持的方式还没有人能预料到。但是科学进步的先决条件是具有不受限制地交换一切结果和意见的可能性——在一切脑力劳动领域里的言论自由和教学自由。我所理解的自由是这样的一种社会条件：一个人不会因为他发表了关于知识的一般和特殊问题的意见和主张而遭受到危险或者严重的损害。这种交换的自由是发展和推广科学知识所不可缺少的，这件事有很大的实际意义。首先它必须由法律来保障。但单单靠法律还不能保证发表的自由，为了使每个人都能表白他的观点而没有不利的后果，在全体人民中必须有一种宽容的精神。这种外在的自由的理想是永远不能完全达到的，但如果要使科学思想、哲学和一般的创造性思想得到尽可能快的进步，那就必须始终不懈地去争取这种自由。

如果要保证第二个目标，也就是要使一切人的精神发展成为可能，那么就必须有第二种外在的自由。人不应当为了获得生活必需品而工作到既没有时间也没有精力去从事个人活动的程度。而没有这第二种外在的自由，发表的自由对他就毫无用处。如果合理的分工问题得到解决，技术的进步就会提供这种自由的可能性。

科学的发展以及一般的创造性精神活动的发展还需要另一种自由，这可以称为内心的自由。这种精神上的自由在于思想上不受权威和社会偏见的束缚，也不受一般违背哲理的常规和习惯的束缚。这种内心的自由是大自然难得赋予的一种礼物，也是值得个人追求的一个目标，但社会也能做很多事来促使它实现，至少不该去干涉它的发展。比如学校可以通过权威的影响和强加给青年过重的精神负担来干涉内心自由的发展；而另一方面，学校也可以由鼓励独立思考来支持这种自由。只有不断地、自觉地争取外在的自由和内心的自由，精神上的发展和完善才有可能，由此，人类的物质生活和精神生活才有可能得到改进。

（选自《纪念爱因斯坦译文集》，上海科学技术出版社 1979 年版）

学习活动

一、填一填

1. 阿尔伯特·爱因斯坦(1879—1955)，是著名的(　　　　)国犹太裔理论物理学家、(　　　　)家及(　　　　)家。因为“对理论物理的贡献，特别是发现了光电效应”而获得(　　　　)年诺贝尔物理学奖。(　　　　)学的开创者、奠基人，相对论——“质能关系”的创立者。

2. 十九世纪三大著名发现分别是(　　　　　　　　)(　　　　　　　　)(　　　　　　　　)。

二、想一想

1. 根据文意，可能影响“内心的自由”的主客观因素主要有哪些？

2. 根据文中所说，你觉得怎样才能使“创造性思想”尽可能得到发展？

3. “满足物质上的需要，固然是美满的生活所不可缺少的先决条件，但只做到这一点还是不够的。为了得到满足，人还必须有可能根据他们个人的特点和能力来发展他们理智上的和艺术上的才能。”你对这句话是如何理解的？

4. 为什么爱因斯坦说不能从纯理性的角度驳倒“要将人类消灭掉”的观点？

5. 文中描述的自由有三种，两种外在的，一种内在的。这三种自由跟两个目标和科学三者有什么关系？

6. 自由是否应该有前提？如果有，应该是什么？

三、读一读

培养独立工作和独立思考的人（节选）

爱因斯坦

……

学校向来是把传统的财富从一代传到一代的最重要机构。同过去相比，在今天就更是这样。由于现代经济生活的发展，家庭作为传统和教育的承担者，已经削弱了。因此比起以前来，人类社会的延续和健全要在更高程度上依靠学校。

有时，人们把学校简单地看作一种工具，靠它来把最大量的知识传授给成长中的一代。但这种看法是不正确的。知识是死的，而学校却要为活人服务。它应当在青年人中发展那些有益于公共福利的品质和才能。但这并不意味着应当消灭个性，使个人变成仅仅是社会的工具，像一只蜜蜂或蚂蚁那样。因为由没有个人独创性和个人志愿的统一规格的人所组成的社会，将是一个没有发展可能的不幸的社会。相反，学校的目标应当是培养独立工作和独立思考的人，这些人把为社会服务看作自己最高的人生问题。就我所能做判断的范围来说，英国学校制度最接近于这种理想的实现。

但是人们应当怎样来努力达到这种理想呢？是不是要用讲道理来实现这个目标呢？完全不是。言辞永远是空的，而且通向毁灭的道路总是和多谈理想联系在一起的。但是人格绝不是靠所听到的和所说出来的言语而是靠劳动和行动来形成的。

因此，最重要的教育方法总是鼓励学生去实际行动。初入学的儿童第一次学写字便是如此，大学毕业写博士论文也是如此，简单地默记一首诗，写一篇作文，解释和翻译一段课文，解一道数学题目，或在体育运动的实践中，也都是如此。

但在每项成绩背后都有一种推动力，它是成绩的基础，而反过来，计划的实现也使它增长和加强。这里有极大的差别，对学校的教育价值关系极大。同样工作的动力，可以是恐怖和强制，追求威信荣誉的好胜心，也可以是对于对象的诚挚兴趣,和追求真理与理解的愿望,因而也可以是每个健康儿童都具有的天赋和好奇心,只是这种好奇心很早就衰退了。同一工作的完成,对于学生教育影响可以有很大差别,这要看推动工作的主因究竟是对苦痛的恐惧,是自私的欲望,还是快乐和满足的追求。没有人会认为学校的管理和教师的态度对塑造学生的心理基础没有影响。

我以为对学校来说最坏的事,是主要靠恐吓、暴力和人为的权威这些办法来进行工作。这种做法伤害了学生的健康的感情、诚实的自信;它制造出的是顺从的人。这样的学校在德国和俄国成为常例;在瑞士,以及差不多在一切民主管理的国家也都如此。要使学校不受到这种一切祸害中最坏的祸害的侵袭,那是比较简单的。只允许教师使用尽可能少的强制手段,这样教师的德和才就将成为学生对教师的尊敬的唯一源泉。

第二项动机是好胜心,或者说得婉转些,是期望得到表扬和尊重,它根深蒂固地存在于人的本性之中。没有这种精神刺激,人类合作就完全不可能;一个人希望得到他同类赞许的愿望,肯定是社会对他的最大约束力之一。但在这种复杂感情中,建设性同破坏性的力量密切地交织在一起。要求得到表扬和赞许的愿望,本来是一种健康的动机;但如果要求别人承认自己比同学、伙伴们更高明、更强有力或更有才智,那就容易产生极端自私的心理状态,而这对个人和社会都有害。因此,学校和教师必须注意防止为了引导学生努力工作而使用那种会造成个人好胜心的简单化的方法。

达尔文的生存竞争以及同它有关的选择理论,被很多人引证来作为鼓励竞争精神的根据。有些人还以这样的办法试图伪科学地证明个人之间的这种破坏性经济竞争的必然性。但这是错误的,因为人在生存竞争中的力量全在于他是一个过着社会生活的动物。正像一个蚁垤里蚂蚁之间的交战说不上什么是为生存竞争所必需的,人类社会中成员之间的情况也是这样。

因此,人们必须防止把习惯意义上的成功作为人生目标向青年人宣传。因为一个获得成功的人从他人那里所取得的,总是无可比拟地超过他对他们的贡献。然而看一个人的价值应当是从他的贡献来看,而不应当看他所能取得的多少。

在学校里和生活中,工作的最重要的动机是在工作和工作的结果中的乐趣,以及对这些结果的社会价值的认识。启发并且加强青年人的这些心理力量,我看这该是学校的最重要的任务。只有这样的心理基础,才能引导出一种愉快的愿望,去追求人的最高财富——知识和艺术技能。

要启发这种创造性的心理才能，当然不像使用强力或者唤起个人好胜心那样容易，但也正因为如此，所以才更有价值。关键在于发展孩子们对游戏的天真爱好和获得他人赞许的天真愿望，引导他们为了社会的需要参与到重要的领域中去。这种教育的主要基础是这样一种愿望，即希望得到有效的活动能力和人们的谢意。如果学校从这样的观点出发胜利完成了任务，它就会受到成长中的一代的高度尊敬，学校规定的课业就会被他们当作礼物来领受。我知道有些儿童就对在学时间比对假期还要喜爱。

这样一种学校要求教师在他的本行成为一个艺术家。为了能在学校中养成这种精神，我们能够做些什么呢？对于这一点，正像没有什么方法可以使一个人永远健康一样，万应灵丹是不存在的。但是还有某些必要的条件是可以满足的。首先，教师应当在这样的学校成长起来。其次，在选择教材和教学方法上，应当给教师很大的自由。因为强制和外界压力无疑也会扼杀他在安排他的工作时所感到的乐趣。

如果你们一直在专心听我的想法，那么有件事或许你们会觉得奇怪。我详细讲到的是，我认为应当以什么精神教导青少年。但我既未讲到课程设置，也未讲到教学方法。譬如说究竟应当以语文为主，还是以科学的专业教育为主？

对这个问题，我的回答是：照我看来，这都是次要的。如果青年人通过体操和远足活动训练了肌肉和体力的耐劳性，以后他就会适合任何体力劳动。脑力上的训练，以及智力和手艺方面技能的锻炼也类似这样。因此，那个诙谐的人确实讲得很对，他这样来定义教育："如果人们忘掉了他们在学校里所学到的每一样东西，那么留下来的就是教育。"就是这个原因，我对于遵守古典、文史教育制度的人同那些着重自然科学教育的人之间的争论，一点也不急于想偏袒哪一方。

另一方面，我也要反对把学校看作应当直接传授专门知识和在以后的生活中直接用到的技能的那种观点。生活的要求太多种多样了，不大可能允许学校采用这样专门的训练。除开这一点，我还认为应当反对把个人作为死的工具。学校的目标始终应当是使青年人在离开它时具有一个和谐的人格，而不是使他成为一个专家。照我的见解，这在某种意义上，即使对技术学校也是正确的，尽管它的学生所要从事的是完全确定的专业。学校始终应当把发展独立思考和独立判断的一般能力放在首位，而不应当把取得专门知识放在首位。如果一个人掌握了他的学科的基础，并且学会了独立思考和独立工作，就必定会找到自己的道路，而且比起那种其主要训练在于获得细节知识的人来，他会更好地适应进步和变化。

最后,我要再一次强调一下,这里所讲的,虽然多少带有点绝对肯定的口气,其实,我并没有想要求它比个人的意见具有更多的意义。而提出这些意见的人,除了在他做学生和教师时积累起来的个人的经验以外,再没有别的什么东西来做他的根据。

(选自《百年人文随笔·外国卷》,吉林人民出版社 2002 年版)

四、搜一搜

五四新文化运动时,曾提出一个口号,即"德先生"和"赛先生",请百度搜索,"德先生"和"赛先生"分别指什么?了解口号提出的背景及意义。

五、写一写

请百度搜索,写出十条爱因斯坦的名言。并就其中你最有感慨的一句,结合自己的学习生活,写一篇 500 字左右的心得体会。

黄道婆 | 陶宗仪

小试牛刀

有趣的成语"加减法",例:(零)敲碎打+(一)丝不苟=(一)箭双雕

1. (　　)鸣惊人+(　　)本正经=(　　)全其美
2. (　　)龙戏珠+(　　)毛不拔=(　　)思而行
3. (　　)顾茅庐+(　　)步登天=(　　)海为家
4. (　　)面楚歌+(　　)无所有=(　　)花八门
5. (　　)湖四海+(　　)触即发=(　　)亲不认
6. (　　)神无主+(　　)意孤行=(　　)零八落
7. (　　)窍生烟+(　　)举成名=(　　)面玲珑
8. (　　)仙过海+(　　)气呵成=(　　)牛一毛
9. (　　)霄云外+(　　)望无际=(　　)万火急
10. (　　)天揽月+(　　)鼓作气=(　　)面埋伏
11. (　　)全十美-(　　)发千钧=(　　)霄云外
12. (　　)鼎之言-(　　)孔之见=(　　)斗之才

开心一刻

"一"的妙用

从前,有三个秀才进京赶考,路过一座寺庙,秀才们请和尚推算他们能否考中。和尚双目微闭,思索片刻没有说话,伸出一个指头表示。三个秀才不懂一个指头是什么意思,请求解答。和尚摇摇头说:"此乃天机,不可泄露,日后自知。"

和尚真的能未卜先知吗?当然不是。但是这个"一"字却可以合理地解释日后出现的各种结果。不信,填填看。

考中一个,“一”表示(　　　　　　　　　);

考中两个,“一”表示(　　　　　　　　　);

考中三个,“一”表示(　　　　　　　　　);

三个都没考中,“一”表示(　　　　　　　　　)。

◎ 选文

闽广多种木棉,纺绩[①]为布,名曰“吉贝”。松江府东去五十里许,曰乌泥泾。其地土田硗瘠[②],民食不给,因谋树艺,以资生业,遂觅种于彼。初无踏车椎弓之制,率用手剖去子,线弦竹弧置按间,振掉成剂,厥功甚艰。

国初时,有一妪名黄道婆者,自崖州来,乃教以做造捍弹纺织之具;至于错纱配色,综线挈花,各有其法。以故织成被褥带帨[③],其上折枝团凤棋局字样,粲然[④]若写。人既受教,竞相作为;转货他郡,家既就殷。未几,妪卒,莫不感恩洒泣而共葬之;又为立祠,岁时享之,越三十年,祠毁,乡人赵愚轩重立。今祠复毁,无人为之创建。道婆之名,日渐泯灭无闻矣。

(选自《南村辍耕录》卷二十四,齐鲁书社2007年版)

注　释

①纺绩:把丝麻等纤维纺成纱或线。古代纺指纺丝,绩指缉麻。

②硗(qiāo)瘠:土地坚硬瘠薄。

③帨(shuì):配巾。

④粲(càn)然:笑容灿烂的样子。

◎ 学习活动

一、想一想

1. 阅读第一自然段,当时纺织业落后和艰难的情形是怎样的?

2. 阅读第二自然段,黄道婆的主要贡献和影响是什么?

二、译一译

宋子曰:人群分而物异产,来往懋迁以成宇宙。若各居而老死,何藉有群类哉?

人有贵而必出，行畏周行；物有贱而必须，坐穷负贩。四海之内，南资舟而北资车。梯航万国，能使帝京元气充然。何其始造舟车者不食尸祝之报也。浮海长年，视万顷波如平地，此与列子所谓御泠风者无异。传所称奚仲之流，倘所谓神人者非耶！

（选自《天工开物》）

三、读一读

民间发明家用水作为他的燃料

刘鸿来

电工出身的遵义7旬老人谭振才喜爱发明，他通过长期钻研，快速把水电解之后制成氢气，本报去年11月8日对此进行报道后，半年时间过去，谭振才的发明又有新突破。

6月11日，谭振才在家中向记者演示了他的发明成果，现场制氢气，并将氢气作为燃料，让一台小型抽水机转了起来。谭振才告诉记者，半年前，他发明的电解水制氢的速度比传统方法快30多倍，半年来，他不断探索和实验，电解水制氢的速度猛然提高到了100多倍。谭振才很兴奋，他把厨房当实验室，当场操作起来。

用塑料桶在自来水管上接好一桶水，把电解槽放入水中，罩上一个底部镂空的塑料瓶，瓶身插了一根塑料管。塑料桶边上，放了一个轮胎内胎，气门处也插了一根塑料管。两根塑料管交合之后，便形成了“采气生产流水线”。一切准备妥当，谭振才插上电解槽电源，“流水线”便开始工作。记者看到，塑料桶里的水开始沸腾，氢气通过塑料管输送过来，一小时不到，内胎鼓了起来。谭振才拔了电源，用夹子夹住内胎的塑料管，宣告氢气的采集大功告成。

随即，谭振才把边上的一台小型抽水机搬了过来，他说，这台机器原本是用汽油当燃料，但他卸掉了机器的油壶，改装之后，用氢气代替汽油。“这个装了氢气的内胎现在就相当于抽水机的‘油箱’了。”谭振才边说，边把内胎塑料管接入抽水机燃料进料管。之后，他用绳子在抽水机的发动轴上缠绕几圈，用力一拉，“吐吐吐……”抽水机转了起来。记者看到，过了数分钟，内胎瘪了，抽水机才熄火。“我的发明就是要把氢气变成实实在在的燃料，体现它的实用性。”谭振才得意地说。

氢气燃爆后生成蒸汽和水，是最清洁的能源。物理学热值表显示，氢的热值高于液化气、柴油和汽油，计算表明，一立方氢气相当于2.8立方液化气，而一立方氢气则相当于4.2公升汽油。谭振才说，以他的发明成本计算，一立方氢气成本仅为

8.5元钱，而根据现行的油价，买4.2公升汽油需要30多元。两相比较，不难看出，其快速电解水制氢的发明经济实惠。

值得一提的是，去年本报对谭振才的发明进行报道后，省内外很多商家要求与之合作，但谭振才说，实验表明，电解水制氢的速度还有望再提高，他想把技术进一步完善后，再选择有实力的商家进行合作，开发这一清洁能源。

（选自金黔在线——贵州商报）

四、说一说

1. 都说“高手在民间”，“民间有能人”，你能说出几个在科技发明或科技制造方面的民间能人吗？

2. 有好多的发明创造是来自民间，请与同学讨论，这些发明创造者之所以成功的要素是什么？

第六单元

Chapter SIX

理想风帆

俄国作家列夫·托尔斯泰曾说:“理想是指路明灯,没有理想,就没有坚定的方向,而没有坚定的方向,就没有生活。”

理想是沙漠中的绿洲,是黑夜里的灯光,是吹响生命的号角。诗人流沙河曾经说过:“理想是石,敲出星星之火;理想是火,点燃熄灭的灯;理想是灯,照亮夜行的路;理想是路,引你走向黎明。”

多少年,多少代,多少志士仁人都有着崇高的理想。青年毛泽东就有“指点江山”的雄心;马丁·路德·金曾立下“普天下生灵共谒”的壮志;史铁生用残缺的身体,说出了最美的梦想……

同学们,每个人都有自己的理想,理想也有大有小。理想虽然美好,但还要与现实相结合。脱离现实的理想,也只能是空想。同学们一定要结合自身,结合现实,树立自己的人生理想。

拥有理想,人的生命就是一只鼓满风帆的船。让我们扬起理想的风帆,去开始人生的远航吧!

沁园春·长沙

毛泽东

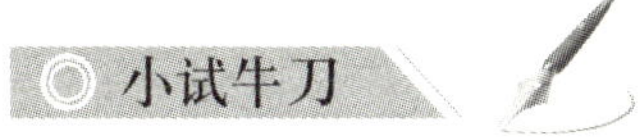

巧填诗词

根据意思及作者提示，写出诗词句子。

最快的船——(　　　　　　　　　　),(　　　　　　　　　　)。(李白)

最多的愁——(　　　　　　　　　　),(　　　　　　　　　　)。(李煜)

最消瘦的人——(　　　　　　　　　　),(　　　　　　　　　　)。(李清照)

最憔悴的人——(　　　　　　　　　　),(　　　　　　　　　　)。(柳永)

最忧愁的人——(　　　　　　　　　　),(　　　　　　　　　　)。(李白)

眼力最差的人——(　　　　),(　　　　),(　　　　),(　　　　)。(辛弃疾)

最深的情——(　　　　　　　　　　),(　　　　　　　　　　)。(李白)

最贵的信——(　　　　　　　　　　),(　　　　　　　　　　)。(杜甫)

毛泽东智解姓氏

国共重庆谈判期间，毛泽东一首《沁园春·雪》，气势磅礴，意境深远，宏伟壮观，在山城文艺界震动空前。当时文艺界的名流，借谈判的空隙，邀请毛泽东做了一次演讲。演讲结束后，有人问道：“假如这次谈判失败，国共全面开战，毛先生有没有信心战胜蒋先生？”

毛泽东十分认真地说：“国共两党的矛盾，是代表两种不同利益的矛盾。至于我和蒋先生嘛……”他故意拖了拖腔，又接着说，“蒋先生的‘蒋’字，是将军的‘将’

字头上加一棵草，他不过是一个草头将军而已。”话说至此，他情不自禁地发出了爽朗豪迈的笑声。

“那毛——”

不待有人问完，毛泽东紧接着说：“我的毛字，可不是毛手毛脚的‘毛’字，而是一个反‘手’。”其言下之意是：代表大多数中国人民根本利益的中国共产党，要战胜代表少数人利益的国民党——易如反掌。

毛泽东这一对姓氏巧妙的即兴解说，风趣幽默、意义深远，表达出他本人对中国革命必胜的坚定信念。像这样的姓氏趣解，请你也试试说几个吧。

选文

独立寒秋，
湘江北去，
橘子洲[①]头。
看万山红遍，
层林尽染；
漫江[②]碧透，
百舸[③]争流。
鹰击长空，
鱼翔[④]浅底，
万类霜天竞自由[⑤]。
怅[⑥]寥廓，
问苍茫大地，
谁主沉浮[⑦]？

携来百侣曾游。
忆往昔峥嵘岁月稠[⑧]。
恰同学少年，
风华正茂；
书生意气，

挥斥方遒[9]。
指点江山,
激扬文字[10],
粪土当年万户侯[11]。
曾记否,
到中流[12]击水[13],
浪遏[14]飞舟?

(选自《毛泽东诗词选》,人民文学出版社1994年版)

注 释

①橘子洲:长沙城西湘江中的一个狭长小岛,西面靠近著名的风景区岳麓山。

②漫江:满江。

③百舸:大船。

④翔:本指鸟盘旋飞行,此指鱼游得轻松自如。

⑤万类霜天竞自由:自然界中有生命的万物都在秋色中争过自由自在的生活。霜天,指深秋。

⑥怅:原指失意,这里表达由深思而引起的慷慨激昂的心绪。

⑦沉浮:这里指兴衰。

⑧峥嵘岁月稠:不寻常的日子很多。峥嵘,不平凡,不平常。稠,多。

⑨挥斥方遒:同学们意气奔放,正强劲有力。挥斥,奔放。遒,强劲有力。

⑩指点江山,激扬文字:评论国家大事,写出激浊扬清的文字。指点,这里是评论的意思。江山,指国家。激扬,激浊扬清,抨击恶浊的,褒扬美好的。

⑪把当时的军阀官僚看得同粪土一样。粪土,视……如粪土。万户侯,汉代设置的最高一级侯爵。这里借指大军阀、大官僚。万户,指侯爵封地内的户口,他们要向受封者交租税,为他们服劳役。

⑫中流:指江心水深流急的地方。

⑬击水:指游泳。

⑭遏:阻止,阻挡。

学习活动

一、填一填

毛泽东(1893—1976),字(　　),笔名子任,湖南湘潭人。诗人,伟大的马克思主义者,无产阶级革命家、战略家和理论家,中国共产党、中国人民解放军和中华人民共和国的(　　　　)和领导人。

毛泽东诗词是毛泽东创作的诗词,主要为中国古典诗词,包括古体诗、近体诗、词等。毛泽东一生创作过不少诗词,经其本人手定正式发表的有:1957 年 1 月至 1963 年 12 月先后分 5 次发表(　　)首,1976 年 1 月发表 2 首,共发表(　　)首。毛泽东诗词热情地讴歌革命的人生理想,赞美为实现理想而进行的壮丽的斗争,如(《　　　　　　　　》)(《　　　　　　　　》)《沁园春·雪》等。

二、想一想

毛泽东的这首词描写了几幅画面?请你分别给它们起一个好听的名字。

三、品一品

1. 上片从山上、江面、天空、水底选择了哪几种典型的意象进行描写?

2. 下片的“书生意气”具体体现在哪里?

四、说一说

上片“看万山红遍”以下各句,下片“恰同学少年”以下各句,是铺叙,也就是古人所说“赋、比、兴”手法中的“赋”。此处使用“赋”有怎样的艺术效果?

五、写一写

请用不同的表达方式扩写“鹰击长空”,要求所写语句符合表达方式的特点。不少于 40 字。

1. 用描写的方式扩展。(其特点是:能反映出事物的具体情形,如形、声、色、动态等)

2. 用议论的方式扩展。(其特点是:语句中有观点,有分析判断)

我有一个梦想 | [美]马丁·路德·金

小试牛刀

演讲句子仿写

例:什么样的年龄最理想?鲜花说,开放的年龄千枝竞秀。

什么样的青春最辉煌?太阳说,(　　　　　　　　　　)。

什么样的心灵最明亮?月亮说,(　　　　　　　　　　)。

什么样的人生最美好?海燕说,(　　　　　　　　　　)。

例:幸福是贫困中相濡以沫的一块糕饼。

幸福是(　　　　　　　　　　　　)。

幸福是(　　　　　　　　　　　　)。

幸福是(　　　　　　　　　　　　)。

幸福是(　　　　　　　　　　　　)。

开心一刻

幽默化解演讲中的尴尬

2009年6月2日,新东方掌门人俞敏洪应邀来到同济大学做演讲。其貌不扬而又不修边幅的俞敏洪一上台,就引起场下一片"嘘"声。俞敏洪看看大屏幕上自己的巨幅头像,微笑着说:"没想到同学们把我如此'高大'的形象放在大屏幕上,这就是理想与现实的差距。我相信同学们看到我的第一眼一定感到非常失望。实际上,每一个人都是非常普通的,我们会发现生命中非常重要的东西跟我们未来的幸福和成功其实没有太多的联系。比如说相貌。如果说一个人的相貌和成功有关,那就不会有马云和阿里巴巴，因为如果在座的同学认为马云长得好看，那一定是审美出了问题。当然，这并不意味着相貌好看的人就做不成事情。比如说，大家熟悉的百度老总李彦宏，他就英俊潇洒，他所有的照片看上去都像电影明星一样，但是他也取得了成功。所以不管相貌如何，都能取得成功。只不过马云和李彦宏坐在一起吃饭的时候，他们通常不太愿意坐在相邻的椅子上，因为两个人的对照到了惨不忍睹的地步，解决的方法就是把我放到他们两人中间，起到一个过渡的作用。”

俞敏洪在演讲中用幽默的语言打开僵局、化解尴尬。我们在交际中遇到尴尬时，也可以通过巧言戏谑来活跃气氛，在开怀的笑声中，使尴尬消失于无形。但是，需要注意的是，戏谑别人虽然可以化解自己的尴尬，但是要掌握好分寸，不能恶意地讽刺、揶揄别人，否则只会搬起石头砸了自己的脚。唯有友好善意的戏谑才能使幽默发挥最大的效用。

演讲中出现尴尬是常见之事，除了用幽默的方法化解之外，你还能说出其他方法吗？

选文

一百年前，一位伟大的美国人[①]签署了《解放黑奴宣言》，今天我们就是在他的雕像前集会。这一庄严宣言犹如灯塔的光芒，给千百万在那摧残生命的不义之火中受煎熬的黑奴带来了希望。它之到来犹如欢乐的黎明，结束了束缚黑人的漫漫长夜。

然而一百年后的今天，我们必须正视黑人还没有得到自由这一悲惨的事实。一百年后的今天，在种族隔离的镣铐和种族歧视的枷锁下，黑人的生活备受压榨。一百年后的今天，黑人仍生活在物质充裕的海洋中一个穷困的孤岛上。一百年后的今天，黑人仍然萎缩在美国社会的角落里，并且，意识到自己是故土家园中的流亡者。今天我们在这里集会，就是要把这种骇人听闻[②]的情况公之于众。

就某种意义而言，今天我们是为了要求兑现诺言而汇集到我们国家的首都来的。我们共和国的缔造者草拟宪法和《独立宣言》的气壮山河的词句时，曾向每一个美国人许下了诺言，他们承诺给予所有的人以生存、自由和追求幸福的不可剥夺的权利。

就有色公民而论，美国显然没有实践她的诺言。美国没有履行这项神圣的义务，只是给黑人开了一张空头支票[③]，支票上盖上“资金不足”的戳子[④]后便退了回来。但是我们不相信正义的银行已经破产,我们不相信,在这个国家巨大的机会之库里已没有足够的储备。因此今天我们要求将支票兑现——这张支票将给予我们宝贵的自由和正义的保障。

我们来到这个圣地也是为了提醒美国,现在是非常急迫的时刻。现在决非侈谈冷静下来或服用渐进主义[5]的镇静剂的时候。现在是实现民主的诺言的时候。现在是从种族隔离的荒凉阴暗的深谷攀登种族平等的光明大道的时候,现在是向上帝所有的儿女开放机会之门的时候,现在是把我们的国家从种族不平等的流沙中拯救出来,置于兄弟情谊的磐石上的时候。

如果美国忽视时间的迫切性和低估黑人的决心,那么,这对美国来说,将是致命伤。自由和平等的爽朗秋天如不到来,黑人义愤填膺[6]的酷暑就不会过去。1963年并不意味着斗争的结束,而是开始。有人希望,黑人只要撒撒气就会满足;如果国家安之若素[7],毫无反应,这些人必会大失所望的。黑人得不到公民的权利,美国就不可能有安宁或平静,正义的光明的一天不到来,叛乱的旋风就将继续动摇这个国家的基础。

但是对于等候在正义之宫门口的心急如焚的人们,有些话我是必须说的。在争取合法地位的过程中,我们不要采取错误的做法。我们不要为了满足对自由的渴望而抱着敌对和仇恨之杯痛饮。我们斗争时必须永远举止得体,纪律严明。我们不能容许我们的具有崭新内容的抗议蜕变为暴力行动。我们要不断地升华到以精神力量对付物质力量的崇高境界中去。

现在黑人社会充满着了不起的新的战斗精神,但是我们却不能因此而不信任所有的白人。因为我们的许多白人兄弟已经认识到,他们的命运与我们的命运是紧密相连的,他们今天参加游行集会就是明证;他们的自由与我们的自由是息息相关的。我们不能单独行动。

当我们行动时,我们必须保证向前进。我们不能倒退。现在有人问热心民权运动的人:"你们什么时候才能满足?"

只要黑人仍然遭受警察难以形容的野蛮迫害,我们就绝不会满足。

只要我们在外奔波而疲乏的身躯不能在公路旁的汽车旅馆和城里的旅馆找到住宿之所,我们就绝不会满足。

只要黑人的基本活动范围只是从少数民族聚居的小贫民区转移到大贫民区,我们就绝不会满足。

只要密西西比仍然有一个黑人不能参加选举,只要纽约有一个黑人认为他的投票无济于事，我们就绝不会满足。

不！我们现在并不满足，我们将来也不满足，除非正义和公正犹如江海之波涛，汹涌澎湃，滚滚而来。

我并非没有注意到，参加今天集会的人中，有些受尽苦难和折磨，有些刚刚走出窄小的牢房，有些由于寻求自由，曾在居住地惨遭疯狂迫害的打击，并在警察暴行的旋风中摇摇欲坠。你们是人为痛苦的长期受难者。坚持下去吧，要坚决相信，忍受不应得的痛苦是一种赎罪。

让我们回到密西西比去，回到亚拉巴马去，回到南卡罗来纳去，回到佐治亚去，回到路易斯安那去，回到我们北方城市中的贫民区和少数民族居住区去，要心中有数，这种状况是能够也必将改变的。我们不要陷入绝望而不能自拔。

朋友们，今天我对你们说，在此时此刻，我们虽然遭受种种困难和挫折，我仍然有一个梦想。这个梦想是深深扎根于美国的梦想[8]中的。

我梦想有一天，这个国家会站立起来，真正实现其信条的真谛："我们认为这些真理是不言而喻的：人人生而平等。"

我梦想有一天，在佐治亚的红山上，昔日奴隶的儿子将能够和昔日奴隶主的儿子坐在一起，共叙兄弟情谊。

我梦想有一天，甚至连密西西比州这个正义匿迹，压迫成风，如同沙漠般的地方，也将变成自由和正义的绿洲。

我梦想有一天，我的四个孩子将在一个不是以他们的肤色，而是以他们的品格优劣来评价他们的国度里生活。

我今天有一个梦想。

我梦想有一天，亚拉巴马州能够有所转变，尽管该州州长现在仍然满口异议，反对联邦法令，但有朝一日，那里的黑人男孩和女孩将能与白人男孩和女孩情同骨肉，携手并进。

我今天有一个梦想。

我梦想有一天，幽谷上升，高山下降，坎坷曲折之路成坦途，圣光披露，满照人间。

这就是我们的希望。我怀着这种信念回到南方。有了这个信念，我们将能从绝望之岭劈出一块希望之石。有了这个信念，我们将能把这个国家刺耳的争吵声，改变成为一支洋溢手足之情的优美交响曲。

有了这个信念，我们将能一起工作，一起祈祷，一起斗争，一起坐牢，一起维护自由；因为我们知道，终有一天，我们是会自由的。

在自由到来的那一天，上帝的所有儿女将以新的含义高唱这支歌：“我的祖国，美丽的自由之乡，我为您歌唱。您是父辈逝去的地方，您是最初移民的骄傲，让自由之声响彻每个山冈。”

如果美国要成为一个伟大的国家，这个梦想必须实现。让自由之声从新罕布什尔州的巍峨峰巅响起来！让自由之声从纽约州的崇山峻岭响起来！让自由之声从宾夕法尼亚州阿勒格尼山的顶峰响起来！

让自由之声从科罗拉多州冰雪覆盖的落基山响起来！让自由之声从加利福尼亚州蜿蜒的群峰响起来！不仅如此，还要让自由之声从佐治亚州的石岭响起来！让自由之声从田纳西州的瞭望山响起来！

让自由之声从密西西比的每一座丘陵响起来！让自由之声从每一片山坡响起来。

当我们让自由之声响起来，让自由之声从每一个大小村庄、每一个州和每一个城市响起来时，我们将能够加速这一天的到来，那时，上帝的所有儿女，黑人和白人，犹太教徒和非犹太教徒，耶稣教徒和天主教徒，都将手携手，合唱一首古老的黑人灵歌：“终于自由啦！终于自由啦！感谢全能的上帝，我们终于自由啦！”

（选自《我有一个梦想》，中央编译出版社2001年版）

注　释

①一位伟大的美国人：指美国第十六届总统林肯。

②骇人听闻：使人听了非常吃惊。骇，惊吓。

③空头支票：因票面金额超过存款余额或透支限额而不能生效的支票。这里是指没有实践的诺言。

④戳（chuō）子：图章。

⑤渐进主义：美国民权运动中的保守主张，号召人们行事要按部就班，不要采取过激的行动来达到目的。

⑥义愤填膺：指满腔义愤。义愤：对违反正义的事情所产生的愤怒。

⑦安之若素：遇到不顺利情况或反常现象像平常一样对待。安，心安。之，代词，代替人或物。素，往常，向来。

⑧美国的梦想：指美国所宣传的民主、平等、自由的理想。

学习活动

一、填一填

马丁·路德·金是(　　　　　)国著名黑人民权运动领袖，于 1964 年获得(　　　　　)奖。1963 年他在(　　　　)领导了 25 万人参加的示威游行集会，发表了著名的演说《我有一个梦想》，抨击(　　　)政策。

二、想一想

1.《我有一个梦想》的演讲中心是什么？

2. 马丁·路德·金进行民权斗争的主要经历有哪些？

3. 马丁·路德·金一贯主张非暴力主义，在《我的一个梦想》中有没有说到？

4. 本篇演讲词主要运用了哪些修辞手法？

三、说一说

请以“我有一个梦想”为开头，造一组排比句。

四、写一写

请仿照《“感动中国”人物》颁奖词，为马丁·路德·金先生拟写诺贝尔和平奖颁奖词。

五、比一比

请课外阅读闻一多先生的《最后一次演讲》，比较一下本文，归纳出演讲词的基本特点。

六、看一看

课后看看电影《马丁·路德·金的故事》。

我的梦想 | 史铁生

小试牛刀

请在横线上填上我国城市名，使前后都组成成语。

1. 至高无(　　)(　　)底捞月
2. 难能可(　　)(　　)春白雪
3. 金石为(　　)(　　)官许愿
4. 一步登(　　)(　　)津乐道
5. 五湖四(　　)(　　)腔北调
6. 语重心(　　)(　　)暖花开

开心一刻

史铁生幽默说生死

谈到生死，史铁生曾说，“有位哲人说，命运就是一出人间戏剧，角色是不可调换的。当我的双腿和两个肾都被拿走的时候，我的身体失灵了。这是我所认为的命运。有天在报纸上看到一句话，我觉得挺有道理，它说：世界上只有两种生活——一种是悲惨的生活，一种叫非常悲惨的生活。我觉得活着就是你对生命有疑问，对生活有疑难。但是关键在于一种面对人生的态度。对待生死我选择一种乐观的态度，让我如此幽默地看待生死还得感谢卓别林。在《城市之光》这部电影里，女主人公要自杀，卓别林将其救下，这女的说：你没权利不让我死！卓别林的回答让我至今难忘：急什么？咱们早晚不都得死？这是参透生死的大师态度。我想他是在说，这是困境，谁也逃不过，人生的一切事就是在与困境周旋。这需要靠爱去延缓死亡。”

史铁生以其幽默智慧的言谈，表达了达观的人生态度，以及他直面厄运时的刚毅与顽强，让我们永远记住这位坐在轮椅上的硬汉子。

对于史铁生的生死认识，你是怎么看的？

选文

也许是因为人缺了什么就更喜欢什么吧，我的两条腿一动不能动，却是个体育迷。我不光喜欢看足球、篮球以及各种球类比赛，也喜欢看田径、游泳、拳击、滑冰、滑雪、自行车和汽车比赛，总之我是个全能体育迷。

我最喜欢并且羡慕的人就是刘易斯。他身高一米八八，肩宽腿长，像一头黑色的猎豹，随便一跑就是十秒以内，随便一跳就在八米开外，而且在最重要的比赛中他的动作也是那么舒展、轻捷、富于韵律，绝不像流行歌星们的唱歌，唱到最后总让人怀疑这到底是要干什么。不怕读者诸君笑话，我常暗自祈祷上苍，假若人真能有来世，我不要求别的，只要求有刘易斯那样一副身体就好。我还设想，那时的人又会普遍比现在高了，因此我至少要有一米九以上的身材；那时的百米速度也会普遍比现在快，所以我不能只跑九秒九几。作小说的人多是白日梦患者。好在这白日梦并不令我沮丧，我是因为现实的这个史铁生太令人沮丧，才想出这法子来给他宽慰与向往。我对刘易斯的喜爱和崇拜与日俱增。相信他是世界上最幸福的人。我想若是有什么办法能使我变成他，我肯定不惜一切代价；如果我来世能有那样一个健美的躯体，今天这一身残病的折磨也就得了足够的报偿。

奥运会上，约翰逊战胜刘易斯的那个中午我难过极了，心里别别扭扭的一直到晚上，夜里也没睡好觉。眼前老翻腾着中午的场面：所有的人都在向约翰逊欢呼，所有的旗帜与鲜花都向约翰逊挥舞，浪潮般的记者们簇拥着约翰逊走出比赛场，而刘易斯被冷落在一旁。刘易斯当时那茫然若失的目光就像个可怜的孩子，让我一阵阵的心疼。一连几天我都闷闷不乐，总想着刘易斯此刻会怎样痛苦；不愿意再看电视里重播那个中午的比赛，不愿意听别人谈论这件事，甚至替刘易斯嫉妒着约翰逊，在心里找很多理由向自己说明还是刘易斯最棒；自然这全无济于事，我竟似比刘易斯还败得惨，还迷失得深重。这岂不是怪事吗？在外人看来这岂不是精神病吗？我慢慢去想其中的原因。是因为一个美的偶像被打破了吗？如果仅仅是这样，我完全可以惋惜一阵再去竖立起约翰逊嘛，约翰逊的雄姿并不比刘易斯逊色。是因为我这人太恋旧，骨子里太保守吗？可是我非常明白，后来者居上是最应该庆祝的事。或者是刘易斯没跑好让我遗憾？可是九秒九二是他最好的成绩。到底为什么呢？最后我知道了：我看见了所谓“最幸福的人”的不幸，刘易斯那茫然的目光使我的“最幸福”的定义动摇了继而粉碎了。上帝从来不对任何人施舍“最幸福”这三个字，他在所有人的欲望前面设下永恒的距离，公平地给每一个人以局限。如果不能在超越自我局限的无尽路途上去理解幸福，那么史铁生的不能跑与刘易斯的不能跑得更快就完全等同，都是沮丧与痛苦的根源。假若刘易斯不能懂得这些事，我相信，在前述那个中午，他一定是世界上最不幸的人。

在百米决赛后的第二天，刘易斯在跳远比赛中跳出了八米七二，他是个好样的。看来他懂，他知道奥林匹斯山上的神人为何而燃烧，那不是为了一个人把另一个人战败，而是为了有机会向诸神炫耀人类的不屈，命定的局限尽可永在，不屈的挑战却不可须臾或缺。我不敢说刘易斯就是这样，但我希望刘易斯是这样，我一往情深地喜爱并崇拜这样一个刘易斯。

这样，我的白日梦就需要重新设计一番了。至少我不再愿意用我领悟到的这一切，仅仅去换一个健美的躯体，去换一米九以上的身高和九秒七九乃至九秒六九的速度，原因很简单，我不想在来世的某一个中午成为最不幸的人；即使人可以跑出九秒五九，也仍然意味着局限。我希望既有一个健美的躯体又有一个了悟了人生意义的灵魂，我希望二者兼得。但是，前者可以祈望上帝的恩赐，后者却必须在千难万苦中靠自己去获取——我的白日梦到底该怎样设计呢？千万不要说，倘若二者不可都得到，你要哪一个？不要这样说，因为人活着必须有一个最美的梦想。

后来知道，约翰逊跑出了九秒七九是因为服用了兴奋剂。对此我们该说什么呢？我在报纸上看见这样一个消息，他的牙买加故乡的人们说，“约翰逊什么时候愿意回来，我们都会欢迎他，不管他做错了什么事，他都是牙买加的儿子”。这几句活让我感动至深。难道我们不该对灵魂有了残疾的人，比对肢体有了残疾的人，给予更多的同情和爱吗？

（选自《史铁生散文》，人民文学出版社 2007 年版）

学习活动

一、填一填

史铁生(1951—2010)，北京人，著名小说家，散文家。生前数十年与疾病顽强抗争，在病榻上创作出了大量优秀的、广为人知的文学作品。代表作有中短篇小说集《我的遥远的清平湾》《命若琴弦》等，长篇小说(《　　　　　　　　》)等，散文集《我与地坛》等。长篇哲思抒情散文(《　　　　　　　　》)，是史铁生文学作品中，充满哲思又极为人性化的代表作之一，多次入选高中及大学语文教材。

二、想一想

1. 史铁生最初的梦想是什么？他为什么会有这样一个梦想呢？
2. 史铁生后来的梦想又发生了怎样的变化？
3. 你同意史铁生对“最幸福”的理解吗？

三、访一访

假如你是记者，要去采访史铁生和刘易斯，你最想问哪些问题？假如你就是史铁生或刘易斯，你将怎样回答记者的问题？

四、说一说

请与同学分享，你最大的梦想是什么？

五、听一听

听一听郑智化的歌曲《水手》和张韶涵的《隐形的翅膀》，体会歌曲中隐含的面对苦难时的人生态度。

在漫长的旅途中 | 于 坚

小试牛刀

成语填空

百(　　)归海	万紫(　　)红	柳(　　)花(　　)	淡妆(　　)抹
日(　　)如梭	日薄(　　)山	红(　　)东(　　)	如日(　　)天
排(　　)倒海	奔腾(　　)息	气(　　)山(　　)	气贯(　　)虹
别(　　)洞天	古色(　　)香	富(　　)堂(　　)	亭台(　　)阁
牛(　　)挂书	悬梁(　　)股	凿(　　)借(　　)	囊萤(　　)雪
湖(　　)山色	山明(　　)秀	春(　　)盎(　　)	草长(　　)飞
从(　　)不迫	不慌(　　)忙	处(　　)泰(　　)	镇定(　　)若

开心一刻

《还珠格格》中的“送别诗”

电视连续剧《还珠格格》有这样一个情节：乾隆皇帝带小燕子、紫薇江南出巡，在江边见一群儒生摇头晃脑作诗赠别朋友“老铁”。乾隆见诗后便说：“我家丫头也会作这样的诗。”于是叫紫薇露一手。紫薇便吟道：

你作诗来送老铁，我也作诗送老铁。

众人一听，哈哈大笑：这能叫诗吗？谁知紫薇笔锋一转，又续诗道：

江南江北蓼花红，都是离人眼中血。

后两句通过比喻，把离别之情渲染得登峰造极，众人赞不绝口。

紫薇的诗属于“逆转诗”。这类诗起句平常，甚至让人感到十分粗俗，可后半部分语意陡转，别开生面，让人耳目一新。你有熟悉的逆转诗吗？说出来和大家分享一下吧。

选文

在漫长的旅途中
我常常看见灯光
在山岗或荒野出现
有时它们一闪而过
有时老跟着我们
像一双含情脉脉的眼睛
穿过树林跳过水塘
蓦然间　又出现在山岗那边
这些黄的小星
使黑夜的大地
显得温暖而亲切
我真想叫车子停下
朝着它们奔去
我相信任何一盏灯光
都会改变我的命运
此后我的人生
就是另外一种风景
但我只是望着这些灯光
望着它们在黑暗的大地上
一闪而过一闪而过
沉默不语　我们的汽车飞驰
黑洞洞的车厢中
有人在我身旁熟睡

一九八六年十月

（选自《视野》2012年第2期）

学习活动

一、填一填

于坚,1954年出生,诗人,作家,20世纪70年代初开始写诗,为“第三代诗歌”的代表人物。作品(《   》)获第四届鲁迅文学奖全国优秀诗歌奖。

二、说一说

分小组汇报文中特别感动自己的诗句,并交流自己的理解。

三、看一看

日本的摄影家星野道夫有一本写真札记《在漫长的旅途中》,课后请大家找来阅读。

四、听一听

听一听邓丽君的歌曲《漫步人生路》,与本诗做一下比较。

理想的阶梯 | 陈 群

小试牛刀

根据下列句子的意思，写出相应的词语。

1. 时间白白地过去，事情没有进展。（　　　　）
2. 指受了挫折或出了问题后，只是一味抱怨天，归罪于别人。（　　　　）
3. 整整一夜到天亮。比喻不分白天黑夜地连续学习或工作。（　　　　）
4. 放倒军旗，停敲军鼓。比喻停止改革进取。（　　　　）
5. 原指道路坑坑洼洼。比喻人生道路的曲折不平。（　　　　）

开心一刻

懒汉的梦想

从前有个人，不去干活，躺在炕上想：天塌下来多好哇！天塌下来的时候，把世上的东西都砸在下边，就留个大闺女和我——我们俩成了两口子，甜甜蜜蜜地活在世上，多美哟！谁知就在这时候，猛听“轰隆”一声响，天真的塌下来了！天真的把世上的东西都砸在了下面，真的就留下了他和一个大闺女。

他可乐坏了！谁知那闺女四处望望，对他哭起来了：“唉，这都是你想出来的好事啊，如今世上就剩你和我，别的甭说，饿就饿死了！”

这人一听，对呀！他想：要是再来一个做饭的，那就行了。他刚想完，真的就出来个做饭的。他立刻又乐了，谁知做饭的朝四处望望，立刻对他唠叨开了：“米也没有，面也没有，油也没有，盐也没有，柴也没有，锅也没有——什么都没有，这可让我怎么做出饭来！”

这人一听，对呀，他想：要是再来个碾米的、磨面的、榨油的、熬盐的、打柴的、铸锅的，这回就行了。他刚想完，这些人真的就出来了。他又乐坏了，谁知这些人四处望望，愁眉苦脸地对他说：

“唉！谷子也没有，辗子也没有？”

“唉！牲口也没有，磨也没有？”

“唉！芝麻也没有，家具也没有？”

“唉！海也没有，太阳也没有？”

“唉！山也没有，树也没有？”

“唉！铁也没有，火也没有？”

这人一听，立刻抱着脑袋叫起来：“哎呀，天哪，要是都有了，除非天别塌下来；如今天已塌下来了，这可怎么办！”他一着急，出了一身虚汗，睁眼一看——原来天没塌下来，是他做梦呢！

这个故事告诉我们什么呢？

选文

青年最爱谈理想，青年最苦恼的是理想和现实常常有矛盾。

有的青年虽有理想，但刻苦勤奋不足；有的也很想为理想努力，但不能抓紧一点一滴的时间；有的自以为条件差，岗位平凡，无用武之地，不能充分发挥主观能动作用。结果，常常在碌碌无为的苦闷中慨叹蹉跎。

奋斗，是实现理想的阶梯。离开奋斗，理想就只能是幻想而已。有理想的青年，都应从眼前的现实起步，以非常艰苦的奋斗，作为通往理想境界的阶梯。

理想的阶梯，属于刻苦勤奋的人。马克思为实现解放全人类的崇高理想奋斗一生。他积极投身于火热的工人运动，研读无数种著作，学会了欧洲好几个国家的语言。他不断在图书馆钻研，数十年如一日，座位下的地面竟然磨掉一层。化学家诺贝尔为减轻工地上挖土工人的繁重劳动，决心发明炸药。废寝忘食，四年里做了几百次试验。最后一次试验时，他聚精会神地盯着燃延的导火线。一声巨响，在旁的人们惊叫：“诺贝尔完了！”诺贝尔却从浓烟中跳出来，面孔乌黑，身上还带着血，兴奋地狂呼：“成功了！”那些杰出的人物正是被一种崇高的目标所鼓舞，才产生了惊人的毅力与忘我的精神。是理想的浪涛激励着他们去刻苦奋斗。今天，我们为实现四化而奋斗，这是中华民族空前的事业，其任务之艰，难度之大，更需要亿万人民，特别是青年，百折不回地艰苦奋斗。有志于为这一崇高理想而奋斗的青年要敢于面对现实，不怕一切艰难困苦，不怨天尤人，以凌云的壮志，用刻苦勤奋的汗水浇开灿烂的理想之花。

理想的阶梯，属于珍惜时间的人。富兰克林有句名言："你热爱生命吗？那么别浪费时间，因为时间是组成生命的材料。"许多科学家、文艺家都是同时间赛跑的能手。爱迪生一生有一千多项发明。这无数次试验的时间从哪里来？就是从常常连续工作两天三天的极度紧张中挤出来的。鲁迅以"时间就是生命"的格言律己，从事无产阶级文学艺术事业30年，视时间如生命，笔耕不辍。巴尔扎克用如痴如狂的拼劲，每天奋笔疾书十六七个小时，即使累得手臂疼痛，双眼流泪，也不肯浪费一刻时间。他一生留下为人民深深喜爱的巨著《人间喜剧》，共九十四部小说。这些血汗的结晶不正是时间与生命的光辉记录吗？

时间的流逝是无情的，可怕的。人生七十古来稀，三分之一要睡去，再除去幼年玩耍的时间，学习与工作大约只有三十几年，一万多天。虚度一日就等于耗费生命的万分之一。朱自清在散文《匆匆》中说："洗手的时候，日子从水盆里过去；吃饭的时候，日子从饭碗里过去；默默时，便从凝然的双眼前过去。我觉察他去的匆匆了，伸出手遮挽时，他又从遮挽着的手边过去，……"可是，有人甚至从未想过遮挽一下时光呢。对时间的态度，可以检验一个人的世界观。没有理想的人，不懂人生的意义，自然不爱惜时间。真正有理想的人，必定珍惜一分一秒，因为每一瞬间的奋斗都关系着目标的实现。

理想的阶梯，属于迎难而上的人。奋斗的必要，正是由于困难的存在。在通往四化的征途上，坎坷、曲折、荆棘、浪涛是不会少的。幻想一切都顺顺利利，就等于在四化面前止步。有的青年埋怨条件差。这也许是事实。但今天的处境，总不致像伽利略、布鲁诺那样冒着受宗教极刑的危险，总不致像高尔基那样在老板的皮鞭下学写作吧。艰苦的环境更能激发有理想的人奋发向上。高尔基从小饱尝人间的辛酸，旧社会血泪的鞭笞铸成了他伟大的心灵。他坚持在敌人的明枪暗箭下写作，在饥饿与死亡的威胁中战斗，为了共产主义事业，不在任何艰难困苦中屈服、畏缩，永远像海燕一样在雷鸣电闪中展翅翱翔。相比之下，我们的困难又算什么呢？有的青年埋怨自己的岗位平凡。这也可能是事实。但革命事业需要三百六十行，绝大多数人都要在平凡岗位上工作。无志之人，将使生命比岗位更平凡；有志之人，将在平凡岗位上成功。华罗庚年轻时在一个中学干杂活，夜间在如豆的昏黄油灯下演算，打下牢固的根基，后来才成为著名的数学家。开普勒长期操劳杂役，业余苦钻，发现了行星运动三大定律。道尔顿是中学教员，爱因斯坦是小职员，那些发明纺织机、蒸汽机、飞机、火车的，他们的职业、岗位不也都很平凡吗？可见问题不在于岗位,而在于有没有真正的崇高理想和为这理想而奋斗不息的顽强精神。一个有理想有抱负的青年,决不应让困难攫住自己的心灵,而要在奋斗中舒展自己的双臂。当为崇高理想而奋斗一生的双臂收拢时,抱住的必将是令人欣慰的硕果。

奋斗,是改变现实的杠杆,是亿万人民共攀四化高峰的坚实阶梯。只有以不懈的韧劲,一级级攀登,才能一步步接近那光辉灿烂的理想高峰。让我们在四化的伟大征途上谱写出自己的奋斗之歌吧。

(选自《中国青年》1979年第5期,有改动)

学习活动

一、想一想

1. 本文的题目“理想的阶梯”用了什么修辞方法?“阶梯”的含义是什么?这样写有什么好处?

2. 本文的中心论点是什么?采用了什么样的论证方式?

3. 文中三个分论点中的事实论据能不能互相调换?为什么?

二、记一记

本文中有大量的名言警句和名人事迹,请朗读并背诵。

三、做一做

指出下列句子各是什么复句。

1. 有的青年虽然有理想,但刻苦勤奋的精神不足。(　　　　)

2. 真正有理想的人,必定珍惜一分一秒,因为每一瞬间的奋斗都关系着目标的实现。(　　　　)

3. 既然普洛河尔说这是野狗,那它就是野狗。(　　　　)

4. 苏林教授一生桃李满天下,但这样有才华而又年轻的学生却还是第一个。(　　　　)

四、听一听

听一听容祖儿的歌曲《挥着翅膀的女孩》,思考一下理想应该如何去实现。

图书在版编目（CIP）数据

语文.第二册/董君等主编. —济南：山东人民出版社，2015.11

ISBN 978-7-209-08958-6

Ⅰ.①语… Ⅱ.①董… Ⅲ.①大学语文课—高等职业教育—教材 Ⅳ.①H19

中国版本图书馆CIP数据核字（2015）第214369号

语文 第二册

董 君 于保泉 丁卫广 李桂萍 主编

主管部门 山东出版传媒股份有限公司
出版发行 山东人民出版社
社 址 济南市胜利大街39号
邮 编 250001
电 话 总编室（0531）82098914
市场部（0531）82098027
网 址 http://www.sd-book.com.cn
印 装 莱芜市华立印务有限公司
经 销 新华书店

规 格 16开（184mm×260mm）
印 张 11
字 数 240千字
版 次 2015年11月第1版
印 次 2015年11月第1次
ISBN 978-7-209-08958-6
定 价 25.80元